RÉPUBLIQUE FRANÇAISE

LIBERTÉ — ÉGALITÉ — FRATERNITÉ

VILLE DE PARIS

L'ŒUVRE SOCIALE
DE LA MUNICIPALITÉ PARISIENNE
1871-1891

ÉTABLI D'APRÈS LES DOCUMENTS ORIGINAUX, EN EXÉCUTION DE DÉCISIONS DU CONSEIL MUNICIPAL
ET DE M. LE PRÉFET DE LA SEINE

PAR

M. LE MANSOIS DUPREY

Sous-chef de bureau à la Préfecture de la Seine (Secrétariat du Conseil municipal)

PARIS

Imprimerie Municipale

1892

L'ŒUVRE SOCIALE

DE LA MUNICIPALITÉ PARISIENNE

1871-1891

INTRODUCTION

INTRODUCTION

Le 13 juillet 1891, l'avenue de la République était inaugurée solennellement. M. le préfet de la Seine prononçait à cette occasion les paroles suivantes :

« Si importante que soit l'avenue inaugurée aujourd'hui, elle n'est qu'une artère de plus dans le réseau des voies de communication qui, depuis vingt ans, ont renouvelé la physionomie de la capitale. Les malheurs de la guerre ont retardé quelque temps ce mouvement de transfiguration ; mais, dès que la France s'est ressaisie, Paris s'est mis à l'œuvre. Les travaux d'utilité générale se sont succédé rapidement ; l'initiative des particuliers et la confiance des capitaux en ont centuplé les résultats.

« Je n'entreprendrai point la longue énumération des transformations qui ont rempli cette utile et laborieuse période. Chaque année a eu son œuvre, chaque arrondissement a eu sa part. Si bien que, lorsqu'en 1889 Paris a offert au monde les merveilles de son Exposition, Paris lui-même a été la merveille que ses visiteurs ont le plus admirée.

« Les services évidents qu'une plus large viabilité rend à l'assainissement ont été complétés par les bienfaits moins apparents mais aussi appréciables des canalisations souterraines. L'adduction d'eau salubre, l'évacuation et l'utilisation des eaux contaminées ont été, depuis vingt ans, l'objet des préoccupations les plus vives du Conseil municipal et de l'Administration préfectorale.

« L'achèvement de l'aqueduc de la Vanne et des aqueducs secondaires, la construction d'usines élévatoires et d'immenses bassins de décantation ont plus que doublé les eaux de la Ville. De 280,000 mètres cubes en 1870, leur volume a été porté à 600,000 mètres cubes par jour, dont 140,000 en eau de source ; le réseau de la canalisation destiné à les distribuer s'est accru de 750 kilomètres ; enfin, la dérivation des eaux de l'Avre apportera bientôt à l'alimentation en eau de source un appoint journalier de 100,000 mètres cubes ; de sorte que l'approvisionnement de Paris en eaux fraîches et salubres se trouvera enfin largement assuré.

« Le réseau des égouts, qui était de 496 kilomètres en 1870, s'est accru de 372 kilomètres ; 1,240 réservoirs de chasse ont été créés pour le lavage plus énergique des galeries souterraines. Simultanément nous avons entrepris l'assainissement de la Seine et l'épuration des eaux vannes par le sol. La surface irriguée à Gennevilliers, qui n'était que de trois hectares en 1870, est aujourd'hui de 800 hectares et bientôt, j'espère, l'exécution du projet d'Achères la portera à plus de 1,600. Dans le même temps, le volume d'eau épurée par année a passé de 100,000 mètres cubes à 30 millions de mètres cubes. Grâce à ces précautions, la fièvre typhoïde a diminué et le choléra a frappé aux portes de Paris sans pouvoir s'y implanter.

« Au milieu de la variété des travaux destinés à accroître la salubrité, l'armée n'a point été oubliée. Les casernes Schomberg, Mouffetard, des Célestins, de Port-Royal, de la rue de l'Aqueduc et de Chaligny ont été construites ou agrandies, et la sollicitude de M. le président du Conseil, ministre de la Guerre, les a toutes pourvues d'eau de source.

« Les travaux exécutés dans Paris sous la République ont, en outre, contribué au développement et à l'amélioration de tous les grands services publics. Les marchés des Martyrs, de La Chapelle, de l'Ave-Maria, Nicole et Nicot ont augmenté les facilités d'approvisionnement. Les entrepôts de Bercy ont été transformés et étendus. L'ancienne Halle au blé est devenue la nouvelle Bourse du commerce, une Bourse du travail a été créée. L'Hôtel de Ville est sorti de ses tristes ruines, brillant d'une nouvelle jeunesse, et nos artistes les plus distingués sont appelés à le décorer. Les mairies des VIe, IXe, X^e, XIIe, XIIIe XIVe, XVe, XVIIIe, XIXe et XXe arrondissements ont été agrandies ou reconstruites. La Sorbonne, l'École de médecine, et demain l'École de droit, le lycée Buffon, le lycée Voltaire, que M. le président de la République va inaugurer; les collèges Rollin et Diderot, les écoles Colbert et J.-B. Say, l'école Boulle et l'école Estienne, les Archives, l'hôtel Carnavalet, le musée d'Auteuil, les palais du Champ de Mars, attestent assez que les élus de Paris ont le sentiment le plus élevé et le plus généreux du rôle de la capitale et qu'ils sont toujours fiers de prêter leur concours au gouvernement de la République pour tout ce qui peut contribuer à l'honneur et au progrès de la France tout entière.

« Même en me hâtant, je dois mentionner l'extension donnée aux œuvres d'assistance publique et aux établissements d'enseignement primaire.

« Bien que, depuis 1870, le nombre des écoles et des groupes scolaires se soit accru de plus de 124 et que le chiffre de leurs élèves ait passé de 88,000 à 163,000, la municipalité de Paris connaît toute l'étendue du devoir qui lui reste à accomplir. Elle n'y faillira pas, car elle estime que les victoires remportées sur ces deux ennemies séculaires de l'humanité, la misère et l'ignorance, seront le plus beau titre d'honneur de la démocratie républicaine. »

Tous les travaux énumérés par M. le préfet de la Seine ont assurément contribué à l'amélioration morale et matérielle des conditions de la vie à Paris; mais, les uns, tels que le percement de voies nouvelles, les constructions de casernes, de marchés, etc., constituent seulement le développement d'une ville assuré par une municipalité vigilante et soucieuse des intérêts qu'elle représente, en présence de l'accroissement incessant de la population. D'autres, au contraire, ont pour but immédiat, soit d'assurer le bien être matériel des habitants, des plus pauvres en particulier, soit de contribuer à l'élévation de leur esprit. Parmi eux viennent en première ligne l'assistance publique, l'assainissement, l'hygiène, l'enseignement, les beaux-arts et de nombreuses créations spéciales ne rentrant exactement dans aucune de ces grandes divisions. C'est à ceux-ci que cet ouvrage est consacré.

Il importe de faire remarquer tout d'abord que, pour apprécier le résultat obtenu, il ne faut pas examiner la situation actuelle, d'une façon absolue, mais bien le point de départ et le point d'arrivée, en tenant compte des difficultés qui se sont rencontrées sur la route.

Le premier Conseil municipal républicain fut élu à Paris le 23 juillet 1871, et installé le 4 août suivant. Il avait à prendre en mains, pour ainsi dire, la reconstitution d'une ville, qui venait de subir les malheurs que tout le monde connaît. Les premiers budgets, 1871 et 1872, laissèrent un déficit de 59,979,413 fr. 13 c., auquel celui de 1874 ajouta 7,448,419 fr. 09 c., au total 67,427,830 fr. 22 c. Les mandataires des électeurs parisiens, pas plus que les préfets qui se sont succédé depuis vingt ans à la tête de l'Administration, n'ont un instant hésité devant la tâche. Actuellement le déficit est éteint jusqu'à concurrence de 66,192,451 fr. 02 c.; Paris a repris sa riante physionomie d'autrefois, et s'il n'a pas été possible d'en chasser l'ignorance, la misère et la maladie, elles ont été et sont combattues comme jamais elles ne l'avaient été auparavant.

Les villes ont deux origines différentes. Certaines, comme quelques-unes des grandes cités américaines, éclosent en pleine civilisation, tout à coup. De hardis pionniers choisissent une plaine et s'y établissent, puis les capitaux arrivent avec les spéculateurs; on construit des écoles, des hôpitaux, des édifices de toutes sortes, on creuse des égouts, on installe des tramways, la lumière électrique, le téléphone. L'eau est à proximité, abondante et saine — l'emplacement aurait été choisi ailleurs, sans cela — les travaux d'adduction sont rapidement faits. La ville est prête, les habitants seuls y manquent, mais ils n'ont qu'à venir, et ils viennent. Ce n'est pas tout, on a prévu que la population pourrait dépasser le chiffre primitivement estimé et l'espace est ménagé pour que les rues s'allongent, au besoin, dans la campagne et, avec elles, tous les services publics nécessaires. Dans ces conditions l'œuvre des édiles est aisée à accomplir. Ils n'ont qu'à vouloir.

La plupart de nos villes d'Europe ne sont pas ainsi sorties de terre d'un coup de baguette. Paris en particulier, né dans une île, a d'abord débordé sur la rive gauche de la Seine, puis il s'est étendu dans la plaine de la rive droite et a fini par escalader les hauteurs de Montmartre, de Belleville et de Ménilmontant. Mais cette extension ne s'est pas opérée régulièrement; c'est seulement lorsque le sol à peine percé de rues étroites et tortueuses a été couvert de maisons dans lesquelles chaque coin était habité, lorsque la population est devenue incompressible, qu'il a sauté par dessus ses remparts pour reporter plus loin son enceinte en attendant qu'il recommençât tantôt deux siècles, tantôt un siècle plus tard, englobant des villages jadis éloignés et s'assimilant peu à peu les éléments les plus disparates. C'est au milieu de ce chaos qu'il a fallu construire des galeries souterraines pour les égouts, l'eau, le gaz, l'électricité, l'air comprimé, etc. Ce sont ces anciens quartiers qu'on a dû éventrer pour y faire pénétrer l'air et la lumière, mais qu'on ne pouvait cependant détruire, parce qu'ils renferment la plus grande partie de la population laborieuse et qu'on ne devait pas chasser de Paris tout ce qui travaille et qui peine, pour en faire le séjour exclusif des gens de plaisir et des enrichis. Les deux éléments sont nécessaires à sa prospérité. C'est par ceux qui possèdent et dépensent qu'il vit, c'est par ceux qui produisent qu'il rayonne au dehors.

Qu'était Lutèce aux temps de l'ancienne Gaule ? Peu de chose assurément puisque, d'après les commentaires de César, au moment de la conquête romaine ce n'était qu'une bourgade dans l'île appelée depuis la Cité. Tout ce que nous savons, c'est que vers le IIIe siècle elle s'était étendue sur la rive gauche, jusqu'au sommet de la montagne Sainte-Geneviève (mons Lucotitius) et que, avec ce faubourg (Lucotèce), elle comptait environ 8,000 habitants. Faute de limites précises, il est impossible d'établir de comparaison avec la population actuelle de cette partie du Paris primitif. Toutefois, en s'en référant aux anciens documents les plus dignes de foi, on doit la considérer comme contenant aujourd'hui de 125,000 à 135,000 habitants.

Cependant la prospérité commençait, pour se continuer pendant le moyen-âge. En 1220, sous Philippe-Auguste, nous trouvons 120,000 habitants renfermés dans une enceinte dont le périmètre en comprend de nos jours 148,000. Sa superficie était de 250 hectares et la densité moyenne de la population de 488 habitants par hectare. Elle est actuellement de 591, sur le même emplacement. Il convient de remarquer ici que la différence réelle de densité de population aux deux époques n'est pas accusée par la densité moyenne contemporaine. En effet la Cité, remplie d'habitations au XIIIe siècle, est maintenant en grande partie couverte d'édifices publics ; la place de l'Hôtel-de-Ville, presque toute entière, les Halles, le boulevard de Sébastopol, la rue de Rivoli, les boulevards Saint-Michel et Saint-Germain, ont remplacé des rues étroites où les maisons étaient entassées. On peut affirmer que pour avoir la densité réelle de la population, en défalquant les espaces occupés par des monuments et les voies publiques postérieures à Philippe-Auguste, on approcherait en 1891 de 1,000 habitants par hectare.

Sous Charles V, en 1380, l'enceinte de la rive droite fut reportée plus loin, et la superficie de Paris s'éleva à 439 hectares renfermant 150,000 habitants, soit 346 par hectare. 372,000 habitants occupent de nos jours le même terrain, à raison de 846 par hectare.

A la fin du règne de Louis XIV, la ville et les faubourgs qui commençaient à se dessiner s'étendaient sur 1,103 hectares comprenant environ 500,000 habitants (453 par hectare). Leur nombre s'élève aujourd'hui à 675,000 avec une densité moyenne de 612 par hectare. Cette densité va décroître à partir de cette époque. En effet, les agrandissements postérieurs annexeront des quartiers relativement peu peuplés ; en outre les voies plus larges, les places plus nombreuses, les monuments mieux dégagés donneront moins d'espaces habités.

Louis XVI fit édifier le mur d'octroi abattu en 1860. La population, sous son règne, aussi bien que sous celui de Louis XV, pendant la Révolution et l'Empire, n'avait pas progressé, et, en 1810, le Paris nouveau, plus que triple de l'ancien (3,800 hectares), ne contenait que 600,000 habitants, 159 par hectare. Sur le même emplacement il y en a actuellement 1,331,000, soit 350 par hectare.

L'enceinte fortifiée construite sous Louis-Philippe, de 1841 à 1845, enferma un grand nombre de communes, dont quelques-unes assez importantes. En 1860, elles furent réunies à Paris qui compta alors 1,696,000 habitants répartis sur 7,802 hectares, avec une densité de 217 habitants par hectare. Le recensement de 1891 accuse une population de 2,447,957 habitants, soit 313 par hectare.

De cet aperçu, il est aisé de conclure que dans les quartiers du centre, où la population est très dense, les travaux d'assainissement, de distribution d'eau, et en général toutes les opérations souterraines, présentent des difficultés considérables. Les constructions d'écoles et d'établissements, pour lesquels l'espace est indispensable, sont extrêmement coûteuses à cause du prix élevé des expropriations (1).

La division de l'œuvre sociale de la municipalité parisienne en deux parties, dont l'une a trait au développement intellectuel et moral et l'autre à l'amélioration matérielle des conditions de la vie, est un peu arbitraire. L'homme plus instruit connaît mieux ses besoins réels, observe avec plus de soin les lois de l'hygiène, de telle sorte que sa santé et son bien-être y gagnent. D'un autre côté, garanti dans la mesure du possible contre la maladie et la misère, plus vigoureux et plus sain, il a moins de pensées mauvaises et devient meilleur. Il y a ainsi une sorte de répercussion de l'esprit sur le corps et réciproquement.

Toutefois, comme le but immédiat poursuivi rentre presque toujours dans l'une ou l'autre de ces catégories, il a semblé plus précis, au point de vue de la classification, d'adopter cette division.

Les chiffres des sommes dépensées sont extraits des comptes de la ville de Paris pour les années 1871 à 1891; mais ce ne sont que des minima. Les divers travaux auxquels ils se rapportent ont, en effet, entraîné dans les services généraux une foule de dépenses accessoires impossibles à évaluer (2).

---

(1) Le montant des indemnités foncières et locatives pour un immeuble situé rues Tiquetonne et rue Montmartre exproprié en vue de l'isolement de l'Hôtel des Postes et de l'ouverture de la rue Étienne-Marcel a atteint le chiffre de 6,460 fr. 02 c. par mètre carré. Les prix n'ont pas diminué depuis cette époque; ils auraient plutôt subi une augmentation.

2) Exemple : la sollicitude apportée à l'extension de l'enseignement a nécessité dans le peronnel du service intérieur de la préfecture de la Seine un plus grand nombre d'employés que si l'on s'était borné à suivre les anciens errements. Ces employés ont consommé des fournitures de bureau, il a fallu aménager des locaux pour eux, les payer. Dans quelle proportion la dépense totale doit-elle être attribuée aux améliorations? C'est ce qu'il est impossible de déterminer.

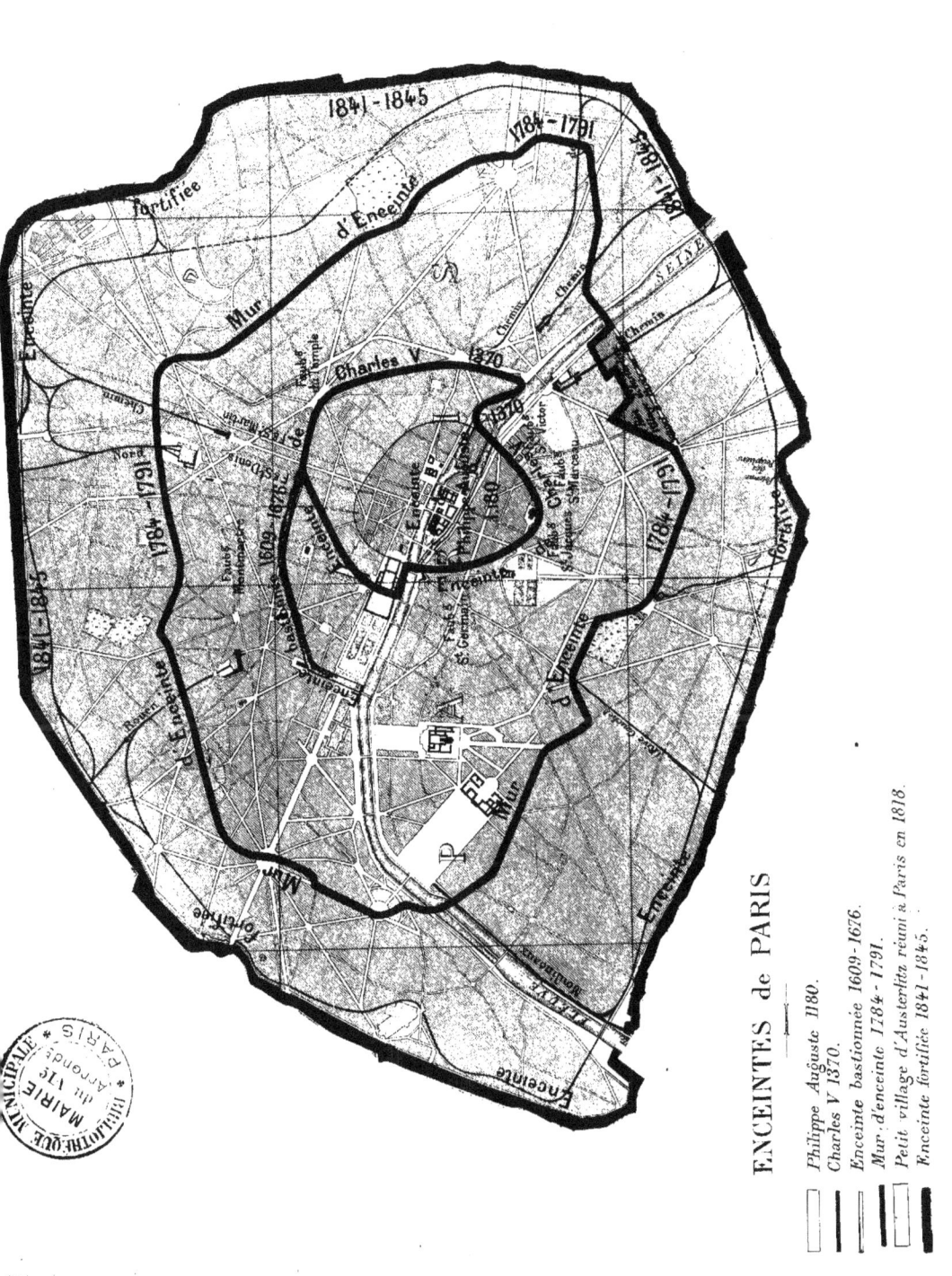

ENCEINTES de PARIS

Philippe Auguste 1180.
Charles V 1370.
Enceinte bastionnée 1609-1676.
Mur d'enceinte 1784-1791.
Petit village d'Austerlitz réuni à Paris en 1818.
Enceinte fortifiée 1841-1845.

PREMIÈRE PARTIE

DÉVELOPPEMENT INTELLECTUEL ET MORAL

ENSEIGNEMENT, BEAUX-ARTS, FÊTES, EXPOSITIONS

ENSEIGNEMENT

ENSEIGNEMENT PRIMAIRE ET MATERNEL.

Sous les gouvernements qui se sont succédé jusqu'au 4 septembre 1870 l'enseignement primaire avait été volontairement négligé (1). Les écoles, dans la plupart des petites communes et même dans quelques localités d'une certaine importance, étaient de véritables bouges, dans lesquels un pauvre instituteur, dont le traitement infime ne suffisait pas à assurer la modeste existence, s'efforçait d'enseigner les premiers éléments de la lecture, de l'écriture et quelquefois du calcul à des enfants, sur lesquels il n'avait aucune action et qui venaient en classe quand il n'y avait rien à faire pour eux à la maison ou que le beau temps ne les invitait pas à vagabonder.

Les programmes étaient d'ailleurs fort restreints; ils comprenaient :

L'instruction morale et religieuse,
La lecture,
L'écriture,
Les éléments de la langue française,
Le calcul et le système légal des poids et mesures,
Les éléments de l'histoire et de la géographie de la France (depuis 1867 seulement)

L'enseignement des matières suivantes était autorisé à titre facultatif :

L'arithmétique appliquée aux opérations pratiques;
Les éléments de l'histoire et de la géographie;
Des notions des sciences physiques et de l'histoire naturelle applicables aux usages de la vie;
Des instructions élémentaires sur l'agriculture, l'industrie et l'hygiène;
L'arpentage, le nivellement et le dessin linéaire;
Le chant et la gymnastique.

Il est inutile d'ajouter que le maître d'école, tantôt chantre, tantôt sacristain, souvent l'un et l'autre, était complètement dans la dépendance du curé, de sorte que l'instruction morale et religieuse, c'est-à-dire l'histoire sainte et le catéchisme, avait le pas sur

---

(1) Cet exposé de la situation de l'enseignement primaire en France avant 1871 ne s'applique bien entendu qu'en partie à Paris et à quelques grandes villes. — Voir plus loin ce qui concerne Paris.

toutes les autres connaissances; on remarque du reste qu'elle figurait en tête du programme.

Telle était la situation de l'enseignement laïque.

Si les résultats obtenus par les congréganistes, frères de la Doctrine chrétienne et sœurs de divers ordres, n'étaient pas meilleurs, tout autre était la vie de l'instituteur appartenant à une communauté riche, qui, ne le laissait manquer de rien, le soutenait toujours et par cela même lui donnait vis-à-vis des autorités civiles et même ecclésiastiques une indépendance que l'instituteur laïque n'avait à l'égard de personne.

En outre, comme aujourd'hui le brevet élémentaire ou le brevet supérieur étaient exigés des laïques, tandis que la lettre d'obédience en tenait lieu pour les congréganistes ; de telle sorte que, pour ceux-ci, on n'avait pas même la garantie d'un minimum de connaissances professionnelles.

Dès son début la République s'est efforcée de développer l'enseignement et aujourd'hui la France peut marcher de pair, à ce point de vue, avec n'importe quel pays de l'Europe. Une loi de 1882 a prescrit l'obligation et en même tempe enlevé à l'enseignement primaire tout caractère confessionnel en le remettant entièrement entre les mains des instituteurs et des institutrices laïques. L'application de cette loi est complète actuellement.

De 1871 à 1887 les programmes ont été de mieux en mieux suivis; presque partout l'enseignement des matières facultatives, qui était l'exception, est devenu la régle. Enfin un décret du 18 janvier 1887 a définitivement fixé les programmes nouveaux.

Aux termes de ce décret l'instruction primaire élémentaire comprend :

L'enseignement moral et civique,

La lecture et l'écriture,

La langue française,

Le calcul et le système métrique,

L'histoire et la géographie, spécialement de la France,

Les leçons de choses et les premières notions scientifiques,

Les éléments du dessin, du chant et du travail, travaux d'aiguille dans les écoles de filles,

Les exercices gymnastiques et militaires.

A Paris, l'enseignement primaire était beaucoup mieux organisé qu'en province; mais, comme dans les départements, il présentait un caractère catholique nettement déterminé et presque toutes les salles d'asile (écoles maternelles actuelles) étaient dirigées par des religieuses, qui gardaient les enfants en leur faisant, pendant la plus grande partie de la durée de la classe, chanter des cantiques (1). Les écoles primaires étaient partagées entre les instituteurs laïques et congréganistes.

---

(1). Jusqu'au moment de la laïcisation de l'enseignement primaire, la ville de Paris a entretenu des écoles gratuites protestantes et israélites pour les enfants dont les familles professaient ces religions; la dépense s'est élevée de ce chef de 1871 à 1880 à 870,000 francs.

La réforme s'imposait, elle fut entreprise par le premier Conseil municipal élu et, depuis, le développement de l'instruction, sous toutes ses formes, n'a cessé d'être la préoccupation constante des administrateurs de la ville de Paris.

Il y avait, en 1871 : 94 salles d'asiles contenant 16,111 places, 127 écoles primaires de garçons représentant 40,963 places et 129 écoles primaires de filles pouvant recevoir 36,749 enfants. Depuis 1871, une somme de 92,300,000 francs a été consacrée à l'acquisition de terrains, construction de nouveaux établissements scolaires de toute nature et transformation des écoles anciennes (écoles maternelles, écoles primaires, écoles primaires supérieures, écoles professionnelles, etc.). L'entretien et les grosses réparations de tous ces édifices ont coûté plus de 25 millions pendant la même période.

Une innovation qui a donné d'excellents résultats a été introduite : l'institution des écoles enfantines.

Ces écoles ont été créées dans le but d'éviter aux jeunes enfants les inconvénients qui résultent du brusque passage de l'école maternelle, avec ses méthodes familières, sa discipline affectueuse, à l'école primaire proprement dite, où la règle est nécessairement plus rigoureuse et où les procédés d'enseignement prennent un caractère plus dogmatique.

Cet inconvénient avait surtout paru frappant pour les jeunes garçons, qui, dans ce changement d'école, passent de la surveillance des institutrices, plus douce et plus tolérante, sous celle du maître primaire.

Afin de les laisser le plus longtemps possible, comme le désirent beaucoup de bons esprits, sous la direction féminine, on a créé, dans certains quartiers, avec le titre d'écoles enfantines, des écoles primaires spéciales, composées exclusivement de jeunes garçons de 6 à 8 ans et entièrement dirigées par des institutrices.

Le programme de ces écoles est celui du cours élémentaire des écoles primaires; mais les instructions données aux maîtresses qui en sont chargées leur recommandent de s'inspirer le plus possible des méthodes en usage dans l'école maternelle.

Les causeries familières, les leçons de choses, les travaux manuels, les jeux et les chants doivent y tenir une place prépondérante.

Le premier essai d'école enfantine remonte à 1876. Une école de ce genre fut organisée à titre d'expérience rue Cadet. Mais l'ouverture définitive des écoles enfantines ne date que de 1877. Il y en eut deux tout d'abord; en 1891 on en comptait dix-huit avec 2,666 élèves inscrits.

En 1882, lorsque l'enseignement primaire fut rendu obligatoire, la ville de Paris tint à honneur de prendre les mesures nécessaires pour recevoir immédiatement le surcroît d'enfants que la nouvelle loi allait envoyer dans ses écoles. En sept mois, du 1er septembre 1882 au 1er avril 1883, 49 écoles provisoires parfaitement installées furent construites et purent donner place à 16,252 enfants.

En 1891, il y avait :

128 écoles maternelles contenant 23,962 places;
18 — enfantines contenant 2,919 places;

176 écoles primaires de garçons contenant 68,296 places;
175 — — de filles contenant 61,524 places.

Le Conseil municipal a voté, le 1er avril 1892, un emprunt de 200 millions sur lequel 40 millions seront consacrés à de nouvelles constructions scolaires.

Quant au personnel enseignant, la ville de Paris n'a pas attendu que la laïcité fût obligatoire pour faire disparaître les congréganistes de ses écoles et, au moment où la loi est intervenue, la laïcisation était presque complète. Elle était depuis longtemps terminée lorsque le délai imparti par le Gouvernement est expiré.

Nombre des enfants ayant fréquenté les écoles primaires et maternelles de 1872 à 1891 (1).

ANNÉES	GARÇONS		FILLES		MATERNELLES	
	INSCRITS	PRÉSENTS	INSCRITES	PRÉSENTES	INSCRITS	PRÉSENTS
1872	40,963	37,033	36,749	34,161	16,698	15,220
1873	43,060	38,824	38,718	33,820	23,550	14,152
1874	44,907	40,585	40,773	36,178	24,850	14,335
1875	46,726	42,495	42,694	37,867	25,626	14,629
1876	47,064	42,828	42,653	37,789	25,557	15,063
1877	49,316	45,057	44,073	39,006	26,586	15,729
1878	49,880	45,765	44,252	39,616	23,997	16,428
1879	51,446	46,976	46,228	41,407	24,637	17,031
1880	51,004	45,208	47,476	41,425	24,570	15,848
1881	49,863	45,354	43,442	39,051	22,616	15,149
1882	51,544	47,032	44,902	40,373	23,569	15,566
1883	56,369	52,455	47,344	43,462	23,679	16,214
1884	62,641	57,287	51,858	47,377	23,925	16,712
1885	64,648	59,175	53,645	49,447	25,689	16,931
1886	64,963	60,386	54,006	49,567	25,702	17,419
1887	65,007	60,823	54,103	49,702	28,180	18,282
1888	65,946	61,539	54,078	49,883	26,544	18,418
1889	66,595	62,709	55,574	51,257	27,567	19,217
1890	68,073	64,645	56,414	50,603	27,684	18,518
1891	69,253	64,209	57,789	53,434	28,776	24,714

(1) Dans les chiffres des écoles primaires sont comprises les écoles enfantines.

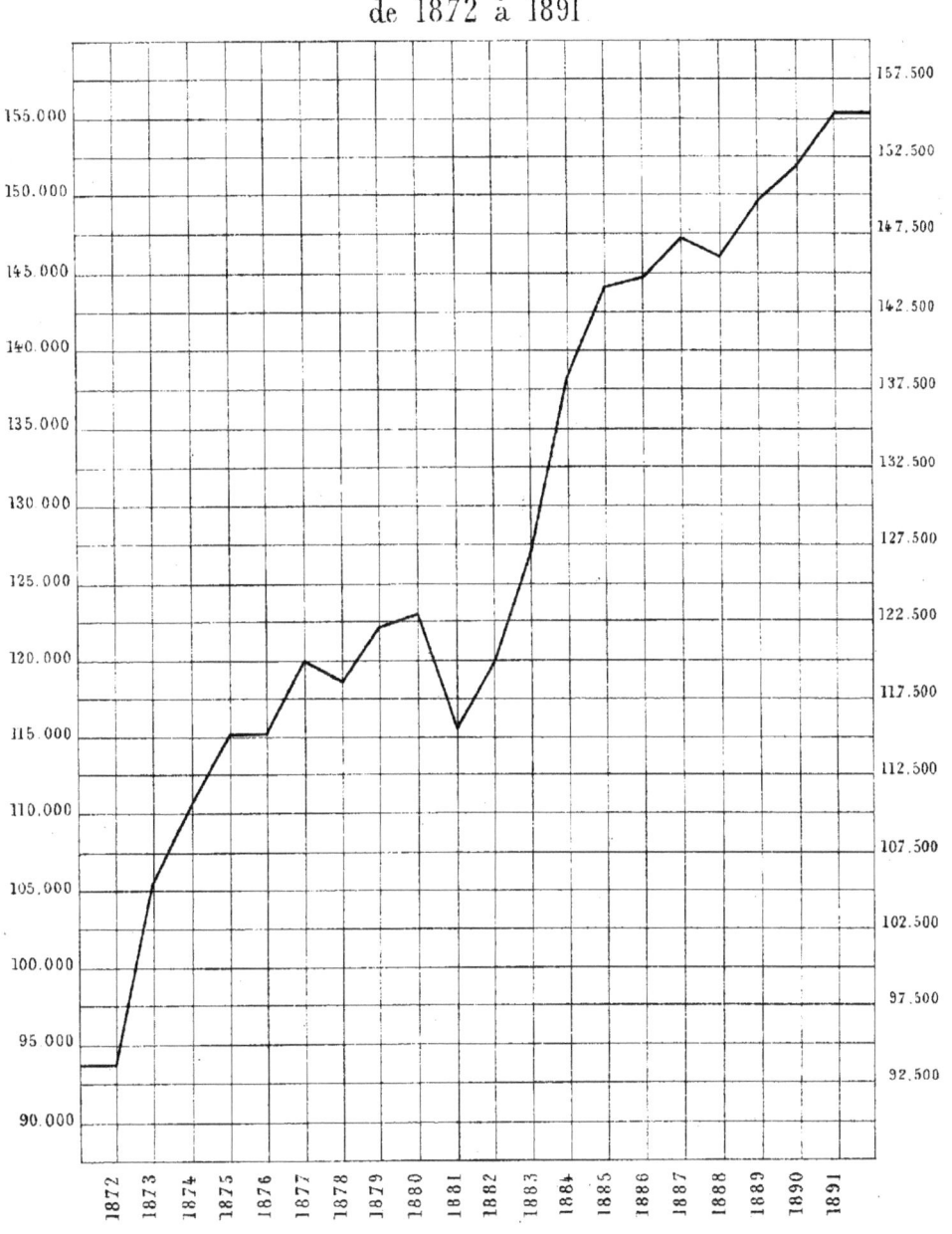

Pour 1,000 habitants, nombre d'enfants inscrits dans les écoles primaires et maternelles communales, en 1872, 1876, 1881, 1886 et 1891, années au cours desquels a été fait le recensement de la population. (Dans les écoles primaires, sont comprises les écoles enfantines.)

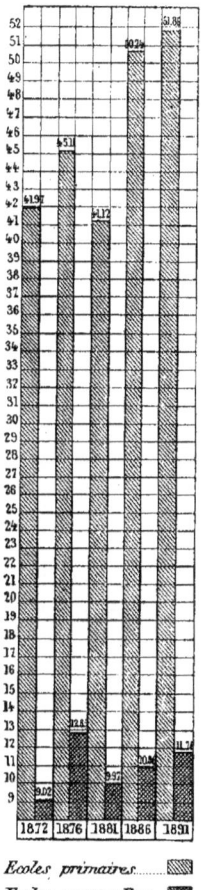

Le recul observé en 1881 a pour cause la laïcisation.

Si l'on compare le chiffre indiqué pour cette année avec celui qui le précède et celui qui le suit, on constate : 1° Que le nombre des enfants auxquels leurs parents tenaient à donner une instruction particulièrement confessionnelle était très minime ; 2° Que cinq ans plus tard, alors que les établisssements libres congréganistes avaient acquis leur plein développement, la population avait reconnu les avantages de l'enseignement laïque, puisque la proportion descendue à 41.12 pour 1,000 habitants était remontée à 50.74.

C'est donc avant tout aux écoles communales et à leur enseignement que les familles ont eu recours pour se conformer à l'obligation imposée par la loi de 1882.

Les dépenses générales de l'enseignement primaire et maternel (Personnel et matériel) ont atteint, de 1871 à 1891, le chiffre de 218,645,000 francs.

État des sommes consacrées depuis 1871 au paiement du personnel enseignant des écoles primaires et maternelles.

ANNÉES	SOMMES	
	ENSEIGNEMENT PRIMAIRE	ÉCOLES MATERNELLES
1871	1,139,899 95	299,873 54
1872	1,635,180 70	414,292 66
1873	1,916,032 11	445,983 91
1874	2,118,293 99	464,943 62
1875	2,343,747 14	488,351 63
1876	2,617,013 16	518,089 18
1877	2,826,018 57	542,261 85
1878	3,004,818 08	585,652 88
1879	3,426,994 46	565,899 95
1880	4,504,109 99	698,323 51
1881	5,535,298 13	815,222 09
1882	7,260,205 03	1,094,155 02
1883	8,165,619 40	1,148,193 95
1884	8,767,023 16	1,200,608 37
1885	9,122,511 18	1,249,993 60
1886	9,396,312 47	1,337,872 31
1887	9,557,360 99	1,291,761 71
1888	9,717,146 66	1,339,925 32
1889	9,913,344 53	1,395,098 27
1890	7,854,154 70	1,152,503 89
1891	7,772,653 94	1,213,493 22
TOTAUX	118,083,239 27	18,262,500 48

INSPECTION MÉDICALE DES ÉCOLES. — DISPENSAIRES SCOLAIRES.

L'inspection médicale des écoles a été instituée en 1879 dans le but de surveiller la santé générale des enfants et d'empêcher la propagation des maladies contagieuses dans les établissements scolaires. Elle est effectuée par 126 médecins qui font une visite, par quinzaine, dans chaque école.

Ils doivent, en outre, procéder à des visites supplémentaires lorsqu'ils en sont requis par l'Administration, la Délégation cantonale ou la Municipalité.

Ce service a coûté, depuis son organisation, 887,000 francs.

La création récente des dispensaires scolaires a pour but de procurer les soins médicaux aux élèves atteints d'indispositions. Ils sont gérés par les caisses des écoles. Une somme de 10,000 francs a été répartie, à titre de subvention, entre ceux des Ier, V[e], VIe, IXe, X[e], XIe, XIIe, XVe, XVIe et XVIIe arrondissements.

Les caisses des écoles ont également reçu, en 1891, 5,000 francs pour l'envoi dans les établissements de bains des enfants des écoles communales et 3,335 francs pour leur revaccination.

CLASSES DE GARDE.

Dans un grand nombre de familles d'ouvriers, le père et la mère travaillent à l'atelier et ne rentrent chez eux que longtemps après la fermeture de l'école. Pendant plusieurs heures, l'enfant se trouve ainsi seul, sans surveillance, exposé à tous les dangers de la rue. La journée du jeudi tout entière il est livré à lui-même. C'est pour le conserver jusqu'au retour des parents que les classes de garde ont été créées, par délibération du 28 décembre 1888. Leur organisation est laissée à l'initiative des Caisses des écoles, qui reçoivent pour cela des subventions proportionnées aux dépenses qu'elles entraînent.

Pendant ces classes, ou plutôt ces garderies, l'enfant joue, se distrait sous la surveillance de l'instituteur, mais il ne lui est imposé aucun travail supplémentaire. Selon les arrondissements, elles fonctionnent avant l'ouverture de l'école et après sa fermeture, ou après sa fermeture seulement. Lorsqu'elles ont lieu le jeudi, les enfants, s'il fait beau, sont conduits en promenade.

Il y en avait, en 1891, 72 fréquentées par 4,318 enfants.

Les subventions aux Caisses des écoles, pour les classes de garde, ont atteint, de 1889 à 1891, 139,500 francs.

CANTINES SCOLAIRES.

En principe, l'enfant entré à l'école le matin ne sort plus avant la fin de la journée scolaire. Il doit apporter son déjeuner, qu'il prend vers midi. Dans les quartiers aisés, rien n'est plus simple, mais, dans les centres populeux, plus d'un pauvre enfant n'avait dans son panier qu'un morceau de pain sec, et encore pas toujours.

D'un autre côté, surtout pendant l'hiver, il était pénible, même pour les élèves les plus favorisés, de n'avoir à leur disposition que des aliments froids.

Les cantines scolaires ont été créées, en 1881 (1), pour fournir à tous les enfants indistinctement des aliments chauds. Ceux qui peuvent payer versent, pour chaque portion, une somme de 10 ou 15 centimes en général, les autres reçoivent des bons, en échange desquels leur déjeuner leur est délivré gratuitement.

Ce sont les Caisses des écoles qui organisent et entretiennent les cantines scolaires. Elles reçoivent de ce chef des subventions qui se sont élevées, depuis 1881, à 4,238,000 francs.

---

(1) Dans un grand nombre d'arrondissements, le service n'a été organisé qu'en 1882 ou en 1883.
Les cantines n'existent que depuis 1888 dans le IX° arrondissement et depuis 1887 dans le X° arrondissement.
Il n'en existe pas dans le VIII° arrondissement.

Comparaison du service dans chaque arrondissement entre l'année de sa fondation et 1891.

ARRONDISSEMENT	ANNÉE DE LA FONDATION		1891	
	NOMBRE DE PORTIONS DISTRIBUÉES		NOMBRE DE PORTIONS DISTRIBUÉES	
	Gratuitement	Moyennant paiement	Gratuitement	Moyennant paiement
1ᵉʳ	6,342	100,173	50,558	66,585
2ᵉ	52,239	21,696	46,643	28,476
3ᵉ	72,642	31,000	99,733	34,410
4ᵉ	3,860	17,201	86.304	139.908
5ᵉ	21,281	124,335	216,062	285,858
6ᵉ	6,050	88,595	22,568	88,038
7ᵉ	60	48,084	15,960	147,654
8ᵉ	»	»	»	»
9ᵉ	50,693	45,215	88,734	81,296
10ᵉ	100,080	120,167	178,644	140,555
11ᵉ	808	95,002	244,455	269,015
12ᵉ	135,002	157,334	239,505	133,964
13ᵉ	38,000	280,000	467,226	235,974
14ᵉ	93,753	77,100	235,903	180,431
15ᵉ	22,000	415,986	271,288	279,351
16ᵉ	10,727	40,209	115,957	57,887
17ᵉ	150,269	22,134	227,649	93,743
18ᵉ	123,490	682,246	1,658,125	792,967
19ᵉ	»	276,094	41,221	336,034
20ᵉ	212,143	267,841	312,675	339,156
	1,099,439	3,210,412	4,619,114	3,730,722

RÉSULTATS OBTENUS.

Les sacrifices de la ville de Paris pour l'enseignement primaire élémentaire n'ont pas été stériles. Depuis 1871, 141,170 certificats d'études primaires ont été délivrés, après examen. En 1872, leur nombre avait été de 1,855 pour 94,410 élèves inscrits dans des écoles primaires et maternelles, et 83,414 les ayant fréquentées régulièrement, soit 2,22 %. En 1891, le chiffre de ces diplômes atteint 14,281 (155,818 inscrits, 142,357 présents), c'est-à-dire 10,03 % des élèves ayant assidûment suivi les classes.

Cette première constatation, si elle était isolée, serait insuffisante, parce qu'un grand nombre de jeunes gens ne cherchent pas à obtenir le certificat d'études, s'ils embrassent une carrière ou un métier pour lesquels sa production n'est pas exigée.

Il en est une autre beaucoup plus décisive. Tous les ans, au moment de leur inscription sur la liste du tirage au sort, les conscrits sont classés d'après leur degré d'instruction. Or le nombre des illettrés, qui était de 4,86 % en 1873 (classe 1872), est tombé en 1891 (classe 1890) à 1,18.

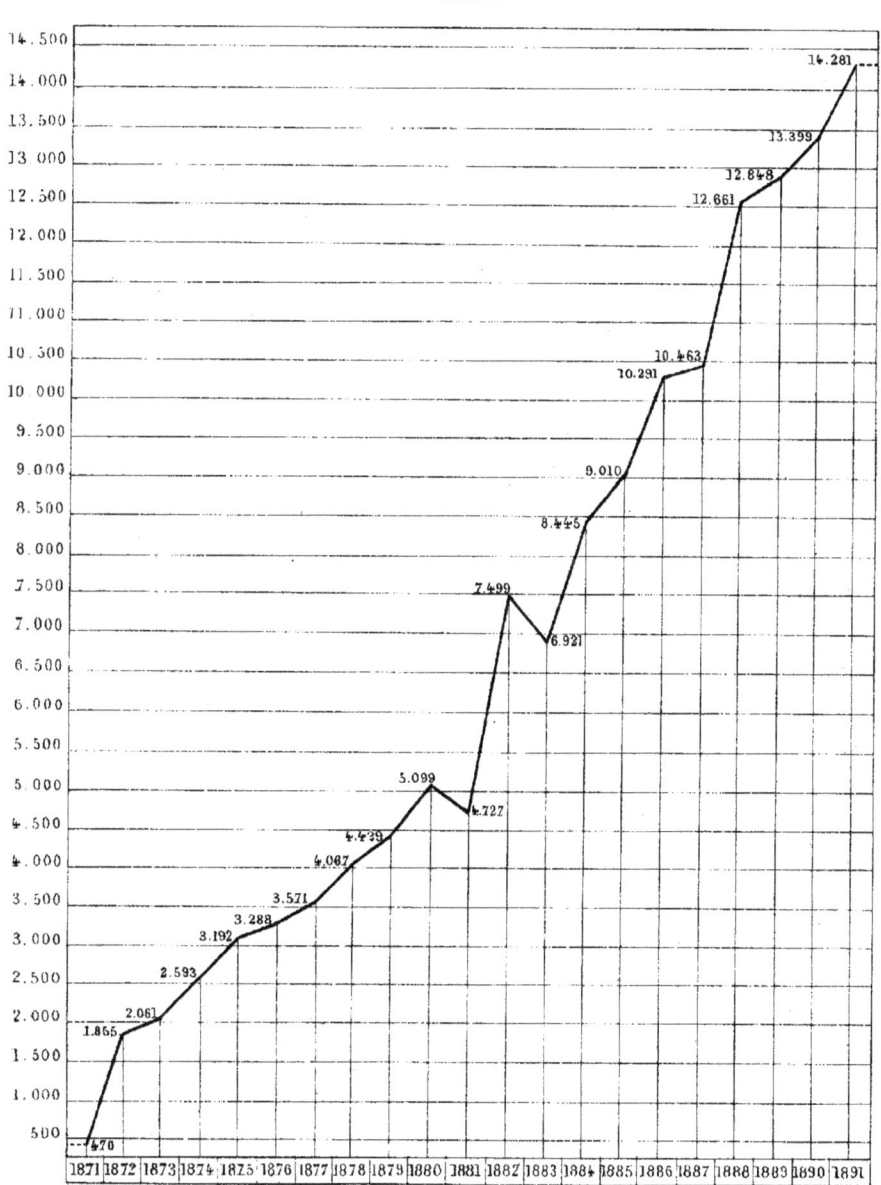

Certificats d'études primaires obtenus à Paris de 1871 à 1891

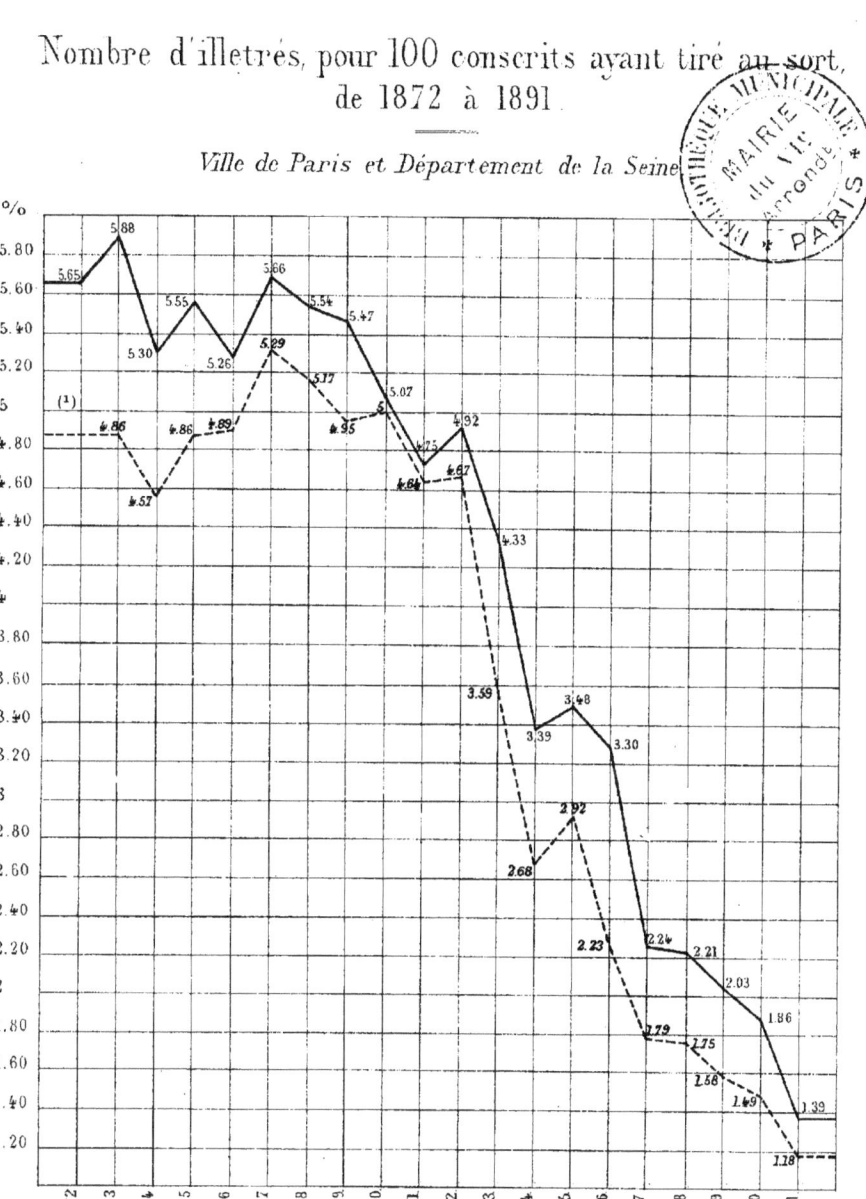

Nombre d'illetrés, pour 100 conscrits ayant tiré au sort, de 1872 à 1891.

Ville de Paris et Département de la Seine

——— Département de la Seine (Paris compris).
--------- Ville de Paris seule.

(¹) La statistique concernant la Ville de Paris pour la classe 1871 est trop incertaine pour qu'il ait été possible d'en tenir compte.

Il a paru intéressant de placer à côté du nombre des conscrits illettrés de la ville de Paris celui de l'ensemble du département de la Seine. C'est, en effet, surtout grâce au personnel que la ville de Paris fournit aux communes de la banlieue que celles-ci ont pu améliorer leur enseignement (1).

La proportion des illettrés était de 12,63 % extra-muros en 1873 (classe 1872). Elle atteignait encore en 1883 (classe 1882) 7,09 au moment où pour Paris elle descendait d'un bond de 4,67 à 3,59 pour ne cesser de décroître, sauf un léger arrêt en 1885. Donc, à partir de 1882, l'effet des sacrifices faits pour développer l'enseignement était déjà sensible. Mais c'est seulement plus tard que, la loi sur l'enseignement obligatoire aidant, l'exemple venu de Paris a été suivi autour de lui.

En 1891, les jeunes gens de 20 ans ne sachant ni lire ni écrire n'étaient plus que 96 dans les localités suburbaines, soit 2,08 %.

ENSEIGNEMENT PRIMAIRE SUPÉRIEUR.

L'enseignement primaire supérieur s'adresse à cette partie de la jeunesse qui se destine au commerce ou à la banque, à l'industrie ou aux arts industriels, aux administrations publiques ou privées, ainsi qu'aux écoles professionnelles qui n'exigent pas au préalable un diplôme classique.

Les programmes ont été établis de manière à assurer aux élèves, en même temps que certaines connaissances générales, l'instruction spéciale nécessaire à ces diverses carrières.

Il était représenté à Paris, en 1871, par trois établissements : le collège Chaptal, l'école Turgot et l'école Colbert ; il a été complété depuis cette époque par la création des écoles Lavoisier et J.-B. Say en 1872, Arago en 1880 et Sophie-Germain en 1881 (jeunes filles).

Le collège Chaptal et l'école J.-B. Say comportent internat, demi-pension et externat. Les autres écoles sont des externats.

Bien que le collège Chaptal figure habituellement parmi les établissements d'enseignement primaire supérieur, à raison de son origine, c'est en réalité un collège communal, dans lequel l'enseignement scientifique est le même que dans les lycées de Paris et où les élèves peuvent se préparer aux baccalauréats ès-sciences et de l'enseignement moderne. Ils trouvent en outre des classes de mathématiques spéciales en vue des concours pour l'admission dans les grandes écoles du Gouvernement. Cet enseignement n'y est pas gratuit.

---

(1) La plupart des instituteurs et institutrices font un stage en banlieue avant d'être appelés à Paris.

À l'école J.-B. Say, il n'est réclamé de rémunération que pour les pensionnaires, les demi-pensionnaires et les externes surveillés. L'enseignement proprement dit y est gratuit comme dans les autres écoles primaires supérieures (1). Des bourses d'entretien peuvent en outre être attribuées aux familles dont la situation justifie cette allocation. (Voir : *Bourses d'entretien*.)

Les programmes de l'enseignement sont les mêmes dans tous les établissements ; ils comprennent les matières suivantes :

Enseignement moral et civique, langue française, lecture expressive, mathématiques, physique, chimie, histoire naturelle, histoire, géographie, économie industrielle, législation usuelle, comptabilité, calligraphie, topographie, dessin d'ornement, modelage, dessin géométrique, langue anglaise, langue allemande, langue espagnole, chant, gymnastique, travail manuel.

L'admission a lieu par voie de concours.

En 1871, les trois établissements existants contenaient 3,250 places et ont reçu 2,630 élèves ; en 1891, il y avait dans les six écoles et le collège Chaptal 5,220 places occupées par 4,629 élèves.

Des bourses de voyage instituées en 1889 sont allouées tous les ans à un ou deux élèves de chaque école, pour leur permettre de se perfectionner dans l'étude des langues étrangères. Il en a été accordé 22 jusqu'à ce jour, qui ont coûté à la ville de Paris 13,500 francs.

Les dépenses de l'enseignement primaire supérieur, collège Chaptal compris, se sont élevées, depuis 1871, à 41,382,000 francs, dont il faut déduire les recettes de l'école J.-B. Say et du collège Chaptal.

CHANT. — DESSIN. — GYMNASTIQUE.

L'enseignement du chant, du dessin et de la gymnastique a reçu un développement considérable dans les écoles municipales depuis 1871.

La Ville y a consacré depuis cette époque les sommes suivantes :

Chant, 3,820,000 francs.

Dessin, 12,207,000 francs.

Gymnastique, 2,883,000 francs.

---

(1) Les écoles primaires supérieures gratuites sont exclusivement réservées aux Parisiens. Toutefois, les élèves de la banlieue reçus au concours y sont admis moyennant le prix de 200 francs par an payés par la commune dans laquelle habite leur famille.

État des sommes dépensées annuellement depuis 1871 pour l'enseignement du chant, du dessin et de la gymnastique.

ANNÉES	SOMMES		
	CHANT	DESSIN	GYMNASTIQUE
1871	95,490 84	118,903 81	» »
1872	124,085 82	204,060 77	799 92
1873	119,199 87	243,850 »	28,982 81
1874	120,775 91	254,600 »	40,000 »
1875	122,283 67	288,851 62	42,618 61
1876	117,462 64	301,782 42	45,668 01
1877	140,900 »	432,815 »	52,778 03
1878	140,857 98	514,577 80	81,526 80
1879	148,336 36	532,514 37	147,691 03
1880	167,431 56	584,766 48	126,971 99
1881	194,306 42	624,578 56	149,322 31
1882	206,370 37	634,164 61	161,439 12
1883	219,747 13	856,953 10	262,047 29
1884	220,167 22	853,498 56	242,807 90
1885	248,585 86	869,919 52	290,990 85
1886	240,685 07	813,872 62	279,320 32
1887	235,277 72	854,177 98	142,711 75
1888	236,207 53	843,570 96	166,432 09
1889	227,575 04	867,562 11	178,343 77
1890	245,649 52	879,525 70	200,622 22
1891	251,666 26	898,592 91	223,022 »
TOTAUX	3,820,064 79	11,933,138 90	2,864,103 91

ENSEIGNEMENT PROFESSIONNEL.

En 1871, l'enseignement professionnel n'existait pas, tout au plus quelques bourses étaient-elles attribuées à des jeunes gens apprenant leur métier chez les industriels, mais la Ville ne possédait aucune école destinée à cet ordre d'enseignement.

JEUNES GENS.

Ateliers de travail manuel. — Bien que les ateliers de travail manuel ne soient pas compris dans l'enseignement professionnel et qu'ils n'aient été créés que postérieurement à l'école Diderot, ils ont leur place marquée en tête de cet enseignement dont ils sont en quelque sorte la préface.

Dans les écoles primaires, les enfants sont exercés au travail élémentaire du fer et du bois, sous la direction de maîtres-ouvriers choisis avec soin (1). L'élève, lorsqu'il sort de l'école, a acquis ainsi une notion des divers outils usuels et de leur mode d'emploi. Il s'est rendu compte de ses aptitudes et a plus de chances d'embrasser un métier qui convienne à ses goûts. On a dit, avec beaucoup de justesse, que les ateliers de travail manuel étaient l'enseignement primaire du travail professionnel.

Les ateliers de travail manuel ont été organisés en 1879 ; ils ont coûté jusqu'à ce jour 4,290,000 francs.

École Diderot. — L'école Diderot a été ouverte au mois de janvier 1873, sous le nom d'École d'apprentissage.

Son but est de former des ouvriers instruits et habiles dans l'ensemble des travaux de leur état.

Elle reçoit des apprentis pour le travail des métaux et du bois. Elle comprend huit sortes de métiers : forge, tours sur métaux, ajustage, serrurerie, mécanique de précision, modelage, menuiserie, tours sur bois.

La durée de l'apprentissage est de trois ans.

Pendant la première année les élèves passent successivement des ateliers du bois à ceux du fer, afin de rechercher pratiquement leur aptitude.

Pendant les deux dernières années, ils ne quittent plus la profession qu'ils ont choisie, d'accord avec leurs parents, à la fin de leur première année.

La journée comprend cinq heures et demie d'atelier, pour les deux premières années, sept heures et demie, pour la troisième ; quatre heures de classe, pour les deux premières années, trois heures, pour la troisième.

En dehors de l'enseignement technique les élèves suivent des cours de français, de mathématiques, de chimie, de physique, de technologie, de mécanique, d'histoire, de géographie, de dessin géométrique et d'ornement, et de comptabilité.

Le régime est l'externat, les élèves ne sortent pas dans la journée.

Ils peuvent prendre le repas de midi et le goûter à la cantine de l'école, au prix de 50 centimes par jour de présence, en apportant leur pain et leur boisson.

Des bourses de déjeuner sont accordées en grand nombre aux élèves studieux de deuxième et de troisième année. Chaque titulaire de ces bourses reçoit en outre, deux fois par an, une veste de travail et une cotte.

L'enseignement est gratuit ; les élèves sont pourvus gratuitement de tous les moyens d'étude et de travail (2).

---

(1) Depuis 1892, ils sont recrutés par voie de concours.

(2) Les enfants dont les familles sont domiciliées dans la banlieue ont droit à l'admission dans les écoles professionnelles de Paris, en raison du rang par eux obtenu au concours, à la condition toutefois que les communes auxquelles ils appartiennent s'engagent à payer, pour chacun d'eux, une somme annuelle de 200 francs. (Délibération du Conseil municipal du 10 avril 1889.)

Aucun élève n'est admis avant l'âge de treize ans révolus, ni après seize ans.

Les candidats sont reçus après un examen qui a lieu à l'école.

L'examen comporte :

1° Une dictée ;

2° Un problème d'arithmétique sur les règles de trois ;

3° Un problème sur les fractions ou les rapports ;

4° Un calcul de surface ou de volume avec application du système métrique ;

5° Un croquis à main levée et coté.

Le nombre des élèves, qui n'était que de 88 en 1873, s'est élevé à 317 en 1891.

École de physique et de chimie industrielles. — Cet établissement, créé en 1882, est une école d'enseignement professionnel supérieur. Il a pour objet de donner aux jeunes gens qui le fréquentent des connaissances approfondies en physique et en chimie pures et appliquées à l'industrie. Les cours y comprennent les matières suivantes : la physique générale et appliquée, la chimie organique, la chimie analytique, la technologie chimique, la métallurgie, la chimie organique appliquée à l'industrie, les mathématiques pures et appliquées.

Les élèves s'occupent régulièrement chaque jour, pendant la moitié environ du temps passé à l'école, de travaux pratiques de physique, de chimie générale, de chimie analytique et de chimie appliquée.

Ces travaux pratiques forment un complément des divers cours et portent sur les matières enseignées.

Une ou deux fois par semaine, les élèves passent trois heures à l'atelier consacré au travail du bois et des métaux ; ils y apprennent à tourner, à forger, à limer et à ajuster, à souffler le verre, etc.

Une séance de trois heures est consacrée, chaque semaine, à l'étude du dessin.

Les élèves sont exercés au maniement du crayon et du tire-ligne.

L'admission a lieu par voie de concours. Pour y prendre part les candidats doivent établir :

1° Qu'ils sont de nationalité française ;

2° Qu'ils sont âgés de quinze ans au moins et de dix-neuf ans au plus, au 1er octobre de l'année où a lieu le concours ;

3° Que leurs parents habitent Paris ou le département de la Seine ; ces derniers ne peuvent prétendre à l'indemnité de 50 francs par mois. (Voir *infrà*.)

Le concours comprend des épreuves écrites et des épreuves orales.

Les épreuves écrites se composent :

1° D'une narration française (lettre ou simple récit, dont le sujet est pris, autant que possible, dans l'histoire de France) ;

2° De deux compositions de mathématiques, comprenant : l'une, une question théorique d'arithmétique et une question d'algèbre ; l'autre, une question de géométrie plane ou de géométrie dans l'espace ;

3° D'une composition de physique, question de cours et problèmes ;

4° D'une composition de chimie, question de cours et problèmes.

L'ensemble des épreuves écrites est éliminatoire.

Les épreuves orales comprennent des interrogations sur :

1° Les mathématiques ;
2° La physique ;
3° La chimie.

30 jeunes gens sont admis chaque année.

L'enseignement est gratuit.

Une indemnité de 50 francs par mois est allouée aux familles des élèves reçus au concours.

A la suite de leur troisième année d'études, les jeunes gens subissent un examen, à la suite duquel il leur est délivré un diplôme d'études.

L'école compte actuellement 94 élèves, y compris 4 élèves libres ayant dépassé la limite d'âge admis à suivre les cours.

École Germain-Pilon. — Cet établissement offre aux ouvriers des principales branches de l'industrie artistique les connaissances qui leur sont nécessaires. Il fonctionne depuis 1883. On y enseigne les matières suivantes : dessin et modelage d'après le plâtre et d'après nature, constructions et dessin géométrique, perspective, anatomie, anatomie comparée, architecture, ameublement, composition décorative, analyse des styles, aquarelle. Les cours ont lieu dans la journée et le soir.

Les élèves ne sont admis qu'à la suite d'un examen qui comprend une épreuve écrite et orale, et une épreuve graphique.

1° Épreuve écrite et orale : Lecture à haute voix ; dictée servant d'épreuve d'écriture et d'orthographe ; problèmes sur les éléments de l'arithmétique et de la géométrie pratique. (Les candidats pourvus du certificat d'études subissent seulement les épreuves d'arithmétique et de géométrie.)

2° Épreuve graphique : Cette épreuve consiste à dessiner un objet quelconque d'une forme très simple, géométralement et perspectivement.

Aucun élève n'est admis : aux cours du soir, s'il n'est âgé de 15 ans révolus ; — aux cours du jour, s'il n'est âgé de 14 ans révolus. (Toutefois, dans les cours du jour, cette dernière limite d'âge est abaissée à 13 ans pour les élèves munis du certificat d'études primaires.)

Les candidats doivent, en outre, justifier de leur qualité de Français, et produire : 1° un extrait de leur acte de naissance ; 2° un certificat constatant qu'ils ont été vaccinés ou qu'ils ont eu la petite vérole.

L'enseignement est entièrement gratuit.

En vue de faciliter aux élèves la fréquentation de l'école, des primes journalières d'encouragement, dont la valeur varie de 1 fr. 50 c. à 2 francs, peuvent être accordées à partir de la deuxième année.

En 1883, les cours étaient suivis par 45 élèves, il y en avait 76 en 1891.

École Bernard de Palissy. — Comme l'école Germain Pilon, l'école Bernard de Palissy est une école professionnelle artistique. Elle a pour but de former des artistes habiles dans certaines industries, telles que la céramique, la verrerie et les émaux, la sculpture sur bois, marbre, ivoire, métaux, le dessin des étoffes et la peinture décorative.

L'enseignement de l'école est complètement gratuit.

Des primes journalières peuvent être attribuées aux élèves de 1re, 2e et de 3e année. Elles sont fixées respectivement à 1 fr., 1 fr. 50 c. et 2 francs.

On y professe la géométrie appliquée, la perspective, l'histoire et l'analyse des différents styles, le dessin linéaire et son application à l'ameublement, le dessin et le modelage en terre et en cire, d'après le plâtre, l'ornement, le modèle vivant et la plante, vivante, et la composition.

Les cours ont lieu le matin et le soir. L'après-midi les élèves sont exercés, à l'atelier, aux travaux de décoration, de céramique, de dessin sur étoffes, de sculpture et à l'étude de l'anatomie comparée.

Les candidats ne sont reçus qu'après avoir satisfait à l'examen d'admission.

Cet examen comprend deux parties : l'épreuve écrite et orale et l'épreuve graphique.

1º Épreuve écrite et orale. — Lecture à haute voix ; dictée servant d'épreuve d'écriture et d'orthographe ; problème sur les éléments de l'arithmétique et de la géométrie pratique.

(Les candidats pourvus du certificat d'études primaires ne sont interrogés que sur la géométrie pratique.)

2º Épreuve graphique. — Cette épreuve consiste, pour tous les candidats, à dessiner un objet quelconque en relief géométralement et perspectivement.

Les aspirants doivent être Français, avoir été vaccinés ou avoir eu la petite vérole et être âgés de 15 ans pour les cours du soir et de 14 ans pour les cours du jour.

L'école, qui a été ouverte avec 11 élèves, en 1883, en compte 61 aujourd'hui.

École Boulle. — Fondée en 1886, l'école Boulle est consacrée à l'industrie de l'ameublement.

Le programme comporte l'enseignement professionnel et l'enseignement primaire.

L'enseignement professionnel comprend les principaux métiers de l'ameublement : l'ébénisterie, la tapisserie, la sculpture sur bois, la menuiserie en sièges, le tournage sur bois, plâtre, métaux, etc.

Le programme de l'enseignement primaire se compose des matières suivantes : le dessin industriel, le dessin à vue, le modelage, l'histoire de l'art, la technologie, la géométrie, l'arithmétique, le français, l'histoire et la géographie.

Les élèves sont externes.

La durée de l'apprentissage est de quatre années.

La première année, les apprentis passent un temps égal dans chacun des ateliers.

La deuxième année, ils sont répartis, après examens et d'après leurs aptitudes, dans l'atelier où ils doivent terminer leur apprentissage.

Un certificat d'études professionnelles est délivré à tout élève ayant accompli ses quatre années d'apprentissage et satisfait d'une manière complète à toutes les épreuves de l'examen de sortie.

Le concours d'admission comprend deux épreuves : 1° Un dessin d'ornement d'après le relief ; 2° Une composition française sur un sujet simple.

Ne sont admis à concourir que les candidats qui, au 1er septembre de l'année du concours, atteindront l'âge de 13 ans et qui ne dépasseront pas, à la même date, l'âge de 16 ans.

Les candidats doivent justifier qu'ils sont de nationalité française et domiciliés à Paris ou dans le département de la Seine.

Ils ont à produire :

1° Le bulletin de naissance ;

2° Le certificat d'études primaires ;

3° Le certificat de revaccination ;

4° Un certificat du médecin de l'école constatant que le candidat est de bonne constitution.

L'enseignement est gratuit.

Des bourses de déjeuner et de goûter sont attribuées aux élèves.

Des primes de sortie sont accordées aux plus méritants.

L'école Boulle contient actuellement 179 élèves.

École Estienne. — L'école Estienne est destinée à fournir des ouvriers instruits aux diverses industries qui se rattachent à la confection matérielle du livre. Elle a pour but de donner à tous des connaissances générales sur l'ensemble de ces industries et, à chacun d'eux, une instruction complète, pour celle dans laquelle il désire se spécialiser.

Les cours théoriques portent sur le français, l'histoire, la géographie, le calcul, la comptabilité, la géométrie appliquée, la technologie, le dessin d'ornement, le modelage, le dessin linéaire et la calligraphie.

L'enseignement technique comprend la fonderie des caractères et la justification des matrices, la composition typographique, la stéréotypie et la galvanoplastie, l'impression typographique, le dessin lithographique (crayon, plume et chromo), la gravure sur pierre, l'écriture lithographique, l'impression lithographique, la gravure sur bois, la gravure en relief, la gravure sur cuivre en creux (burin, eau-forte, pointe sèche), l'écriture en taille douce, l'impression en taille douce, la reliure (brochage, cartonnage et registres), la marbrure, la dorure sur tranches, la dorure sur cuir, la photographie, la photogravure et la phototypie.

L'enseignement est gratuit et des primes d'encouragement peuvent être décernées aux élèves.

Ouverte seulement en 1889, l'école Estienne compte 251 élèves. Elle n'a pas encore atteint son complet développement, qui comportera quatre années d'études.

JEUNES FILLES.

Les écoles professionnelles et ménagères de jeunes filles ne sont pas spécialisées, comme les écoles professionnelles de garçons. Toutes concourent au même but : former des ouvrières capables de gagner leur vie dans des métiers essentiellement féminins : coupe et couture, corsets, fleurs, blanchissage, etc., et, en même temps, initier les élèves à l'économie domestique, cuisine et soins du ménage, de façon à en faire de bonnes ménagères et des mères de famille sachant diriger un intérieur.

Ces écoles sont actuellement au nombre de 6, rues Bouret (1) et Bossuet créées en 1879, rue Fondary (2) en 1881, rue Ganneron en 1884, rue de Poitou (3) en 1886, et rue de la Tombe-Issoire en 1891.

Leur enseignement est gratuit, comme dans toutes les écoles professionnelles de la ville de Paris. Il peut être accordé aux élèves des primes de travail, des bourses de déjeuner et des livrets de Caisse d'épargne. Les familles, qui en ont besoin, reçoivent en outre des bourses d'entretien. (Voir *Bourses d'entretien*.)

Le nombre des élèves, qui était de 84 en 1879, est actuellement de 1,280.

L'enseignement professionnel a coûté à la ville de Paris, depuis 1871, 8,590,000 fr.

BIBLIOTHÈQUE FORNEY. — BIBLIOTHÈQUES D'ART INDUSTRIEL.

En 1886, la Ville recueillit un legs de 200,000 francs fait par M. Forney en vue de la création d'une bibliothèque d'art industriel. Cette bibliothèque, qui contient actuellement 2,800 volumes environ, est installée rue du Faubourg-Saint-Antoine, dans l'un des principaux centres de production de Paris.

Elle comporte une section de lecture sur place et de dessin et une section de prêt à domicile; mais, contrairement à la règle généralement observée dans les bibliothèques municipales, des ouvrages spéciaux d'une grande valeur peuvent être emportés à domicile par les lecteurs. Le chiffre annuel des prêts atteint 40,000 volumes par an.

(1 et 2). Ateliers d'apprentissage transformés en écoles en 1885.
(3) Ancienne école Élisa-Lemonnier communalisée en 1886.

Afin de compléter l'enseignement donné par le livre et par le modèle, la bibliothèque Forney organise chaque année, pendant les mois d'hiver, des conférences, publiques et obligatoires, sur des questions d'art industriel ou de science appliquée, dont elle publie ensuite le texte en volume.

Son entretien a entraîné, de 1886 à 1891, une dépense de 98,000 francs.

Depuis cette même année 1886, et dans les différents centres ouvriers et industriels de Paris, huit bibliothèques du même genre ont été instituées.

Établies dans des conditions beaucoup plus modestes, simplement adjointes à des bibliothèques de lecture de création ancienne, ces sections de dessin industriel ne sont entretenues qu'au moyen de fonds communaux; au lieu de desservir, comme la bibliothèque Forney, les multiples industries de la capitale, elles se bornent à alimenter celles qui se cantonnent de préférence dans l'arrondissement où elles sont établies; le total de leurs opérations s'est élevé en 1891 à près de 40,000.

INSTITUTIONS DIVERSES.

ENSEIGNEMENT MILITAIRE.

L'enseignement militaire dans les écoles prévu par la loi a été organisé à Paris en 1883. 24 bataillons scolaires furent formés: les 18 premiers, d'élèves des écoles communales primaires élémentaires des 20 arrondissements de Paris; les 6 autres, d'élèves du collège Chaptal, des écoles primaires supérieures Turgot, Colbert, Lavoisier, J.-B. Say Arago et de l'école municipale d'apprentissage Diderot.

Chaque bataillon était composé de 4 compagnies et placé sous l'autorité d'un instructeur en chef, de 4 chefs de compagnie, instructeurs adjoints, et d'un certain nombre d'instructeurs auxiliaires.

Les 24 bataillons comptaient un effectif total de 11,200 fusils.

L'introduction du nouvel armement dans l'armée ayant modifié les conditions de l'enseignement des connaissances militaires, à partir de 1891 les 18 bataillons des écoles primaires élémentaires ont été supprimés. Les 6 autres, formés avec les jeunes gens des écoles primaires supérieures et de l'école Diderot, ont été maintenus avec leur organisation primitive; toutefois l'uniforme, ainsi que l'enseignement du clairon, du tambour et du fifre, y ont été supprimés.

Leur effectif s'élevait, à la fin de 1891, au chiffre de 3,200 élèves.

L'instruction militaire a nécessité une dépense de 1,457,000 francs depuis son organisation.

RÉCOMPENSES SCOLAIRES. — LIVRETS DE CAISSE D'ÉPARGNE.

Tous les ans les élèves des écoles municipales reçoivent des prix qui leur sont distribués solennellement. Mais, en dehors de ces prix, des récompenses scolaires sont décer

Développement de l'enseignement professionnel, de 1873 à 1891

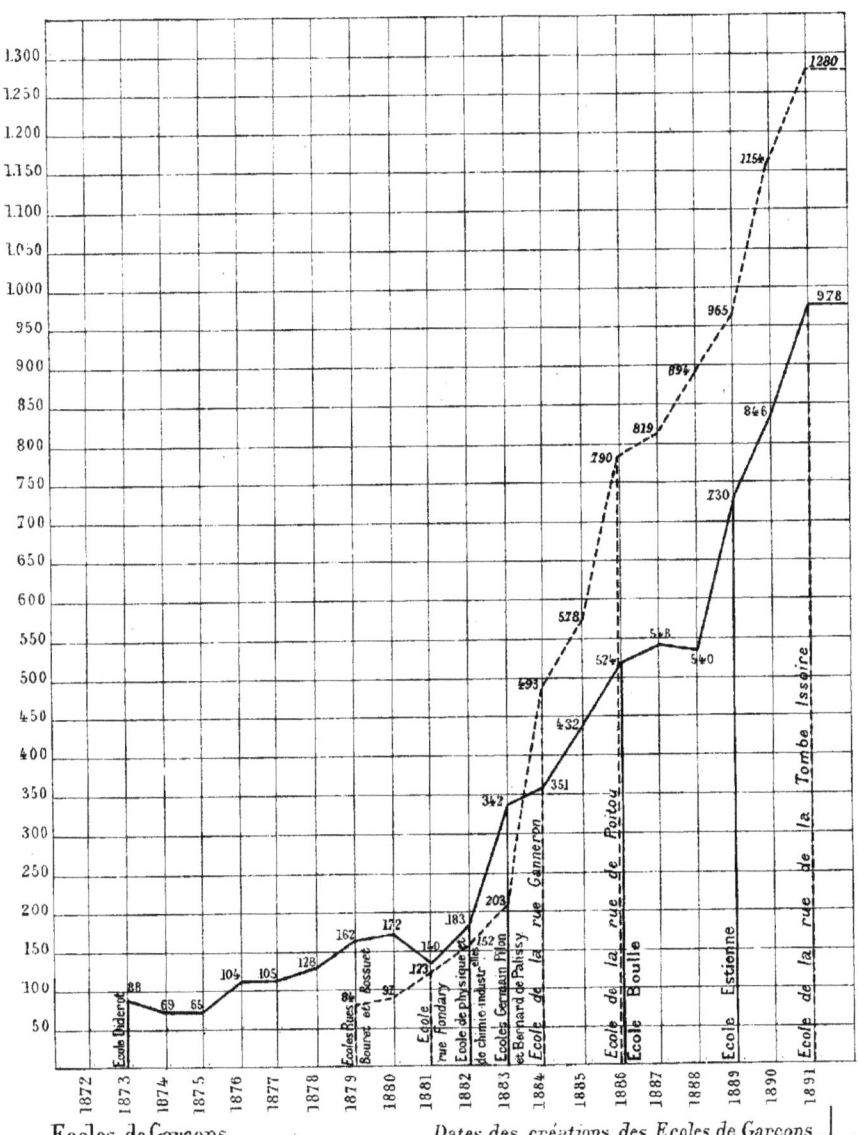

nées en courant d'année aux plus méritants. Ce système produit un excellent effet sur les enfants, dont l'esprit étranger aux conceptions à longue échéance perçoit mieux le résultat de son travail si la sanction est immédiate.

Les dépenses d'achat et de distribution des prix et récompenses scolaires se sont élevées, depuis 1871, à 2,751,000 francs.

En outre, afin de laisser aux élèves une trace durable de leur assiduité et de leur bonne conduite, il est attribué à ceux qui s'en sont rendus dignes des livrets de la Caisse d'épargne et de la Caisse des retraites pour la vieillesse.

Une somme de 1,988,500 francs a été consacrée à ces allocations. Depuis 1873, 26,392 livrets ont été distribués.

MATINÉES LITTÉRAIRES.

La municipalité parisienne a pensé qu'il ne suffisait pas de mettre à la disposition de l'enfant, au moyen de l'enseignement primaire, un minimum de connaissances pratiques indispensables ; elle a jugé qu'il fallait développer son cœur et son intelligence en l'initiant aux chefs-d'œuvre de la littérature française.

Dans ce but les matinées littéraires ont été créées en 1882. Le jeudi et le dimanche, un personnel d'élite fait des conférences auxquelles sont admis les élèves des écoles communales et leurs familles, puis récite des morceaux des grands auteurs. Le tout, réuni en une petite brochure, est distribué aux enfants, qui peuvent ainsi le lire à tête reposée et s'en pénétrer.

Le nombre actuel des matinées est fixé à soixante par an.

Les sujets traités depuis 1886 ont été les suivants :

ANNÉES	SUJETS DE CONFÉRENCES	MORCEAUX ÉTUDIÉS	AUTEURS
1886	Ce qu'il faut aimer..............	*Britannicus*, 5ᵉ acte...............	RACINE.
—	Les Bons livres................	Id.	RACINE.
—	La Prudence...................	*Le Lion et le moucheron*.........	LA FONTAINE.
		Mithridate, 5ᵉ acte...............	RACINE.
1887	Le Courage....................	*La Brebis et le chien*...........	FLORIAN.
		Iphigénie, 4ᵉ acte................	RACINE.
		Jeanne au pain sec..............	V. HUGO.
—	La Fermeté...................	*Le Berger et le roi*.............	LA FONTAINE.
		Le Cid, 2ᵉ acte...................	CORNEILLE.
—	Générosité, courage, dévouement, résignation...........	*Le Lion et le moucheron*.........	LA FONTAINE.
		Iphigénie, 4ᵉ acte................	RACINE.
—	Les Grands écrivains du XVIIᵉ siècle........................	*Les Plaideurs*, 1ᵉʳ acte...........	RACINE.
1888	La Persévérance..............	*Travaillons*......................	DE LAPRADE.
		Horace, 1ᵉʳ acte	CORNEILLE.
—	Modestie et présomption......	*L'Ours et les deux compagnons*..	LA FONTAINE.
		Les Fourberies de Scapin, 2ᵉ acte.	MOLIÈRE.

ANNÉES	SUJETS DE CONFÉRENCES	MORCEAUX ÉTUDIÉS	AUTEURS
1888	Les Devoirs	Les Enfants au bois	Delanoue.
		Le Cid, 4ᵉ acte	Corneille.
	— Le Respect et la moquerie	L'Abeille et la fourmi	De Jussieu.
		Horace, 3ᵉ et 4ᵉ actes	Corneille.
1889	L'Esprit et le bon sens	L'Ane et le petit chien	La Fontaine.
		Le Cid, 1ᵉʳ et 2ᵉ actes	Corneille.
	— Mensonge et dissimulation	Le Chat et un vieux rat	La Fontaine.
		Iphigénie, 4ᵉ acte	Racine.
		La Distribution des prix	Ratisbonne.
	— Les Matinées littéraires	L'Ane et le chien	La Fontaine.
		Les Châteaux en Espagne, 3ᵉ acte	C. d'Harleville.
	— Bonheur, richesse	Le Savetier et le financier	La Fontaine.
		Bayard et Bourbon	Fénelon.
1890	Bonne humeur, mauvaise humeur	Le Léopard et l'écureuil	Florian.
		Les Femmes savantes, 3ᵉ acte	Molière.
	— Les Bienfaits de l'instruction	L'Avantage de la science	La Fontaine.
		Les Petits oiseaux, 1ᵉʳ acte	Labiche.
	— L'Attention	L'Alouette et ses petits	La Fontaine.
		Les Précieuses ridicules	Molière.
	— Les Déceptions	Le Laboureur	Lachambeaudie.
		Le Misanthrope, 1ᵉʳ acte	Molière.
1891	L'Amour du bien	La Farce de Mᵉ Patelin, 1ᵉʳ et 2ᵉ actes	Bruéys.
	— L'Audace	La Carpe et les carpillons	La Fontaine.
		Cosette et Jean Valjean	V. Hugo.
	— L'Exagération	Le Cochet, le chat et le souriceau	La Fontaine.
		Le Mariage forcé	Molière.

Dépense, depuis l'organisation jusqu'en 1891 : 159,000 francs.

VOYAGES DE VACANCES. — COLONIES SCOLAIRES.

Les voyages de vacances ont été créés dans le but de donner une récompense instructive aux meilleurs élèves des écoles primaires, et, à l'origine, des écoles primaires supérieures (ces dernières n'y participent plus depuis 1884). Les enfants sont conduits sous la surveillance de maîtres désignés à cet effet dans les contrées les plus intéressantes de la France et même des pays limitrophes.

Les excursions des écoles professionnelles ont un caractère plus particulier de tournées d'études, elles sont dirigées vers les centres industriels se rapportant à la spécialité de l'enseignement de chaque école.

L'organisation des voyages de vacances remonte à 1876.

En 1887, une nouvelle institution est venue s'y ajouter, celle des colonies scolaires. Leur objet n'est plus l'instruction et l'amusement des élèves, mais l'amélioration de leur santé. Les malingres, les rachitiques, tous ceux auxquels une provision de bon air est nécessaire et dont les parents sont dans une situation qui ne leur permet pas de la leur procurer, sont envoyés, pendant 20 ou 30 jours, à la campagne ou sur le bord de la mer. Cette nouvelle création a donné d'excellents résultats et tend à se développer de plus en plus.

2,136 élèves ont pris part aux voyages de vacances la première année, leur nombre s'est élevé à 2,987 en 1891.

Les colonies scolaires ont reçu

En 1887,   499 enfants ;
    1888,   807   —
    1889, 1,222   —
    1890, 1,287   —
    1891, 1,439   —

Les deux institutions ont coûté à la ville de Paris 935,000 francs.

PUPILLES.

La Caisse des pupilles a été créée le 14 décembre 1880, pour venir en aide aux orphelins et aux familles nombreuses et pauvres. Elle est destinée à placer les enfants, que la ville de Paris prend à sa charge, dans des institutions libres où ils reçoivent une instruction plus ou moins étendue, selon leurs aptitudes.

Depuis 1887 la Ville possède en outre un internat primaire dans lequel sont entretenus un certain nombre de pupilles.

De 1881 à 1891, 7,128 enfants ont été placés dans les institutions libres, et 539, depuis 1887, dans l'internat primaire municipal.

Les dépenses de la Caisse des pupilles se sont élevées à 4,647,000 francs.

CLASSES D'ADULTES.

Il ne suffit pas de donner aux parents toutes les facilités possibles d'instruire leurs enfants, il faut aussi fournir les moyens à ceux dont l'instruction a été négligée de rattraper le temps perdu et de revenir en quelque sorte sur les bancs de l'école, sans qu'ils soient obligés pour cela de renoncer aux occupations qui les font vivre. Telle est la destination des classes d'adultes.

Les cours ont lieu le soir ; ils comprennent des cours élémentaires, des cours supérieurs et des cours commerciaux. Les programmes sont identiques à ceux des écoles primaires pour les cours élémentaires ; dans les cours supérieurs les mêmes matières, à peu de chose près, sont traitées, que dans les écoles primaires supérieures ; enfin, dans les cours commerciaux, une très large part est réservée à la comptabilité et aux langues étrangères.

Le tableau suivant présente la situation des classes d'adultes depuis 1873 (1). On remarque que, contrairement à toutes les autres formes de l'enseignement, celle-ci est en décroissance marquée. Cela tient à deux causes. Alors que les écoles étaient insuffisantes, que l'instruction primaire n'était pas obligatoire, beaucoup d'enfants entraient en apprentissage, sans avoir les connaissances même les plus élémentaires. Plus tard, comprenant la nécessité de l'instruction, le jeune homme avait recours aux cours d'adultes.

Actuellement que tous les enfants passent par l'école primaire, le nombre de ceux qui ont besoin de suivre ces cours devient de plus en plus restreint.

La seconde cause est due au développement des sociétés libres d'instruction (Voir : *Subventions*).

Statistique des classes d'adultes de 1873 à 1891.

Année		classes		élèves
1873		253	—	13,000
1874		226	—	10,553
1875		234	—	10,149
1876		240	—	10,541
1877		239	—	10,735
1878		265	—	9,782
1879		277	—	10,797
1880		280	—	9,823
1881		327	—	8,939
1882		347	—	9,616
1883		277	—	10,764
1884		238	—	9,821
1885		197	—	9,592
1886		169	—	7,959
1887		144	—	6,138
1888		134	—	6,027
1889		132	—	6,111
1890		110	—	5,864
1891		111	—	5,714

Les cours d'adultes ont coûté à la ville de Paris, depuis 1871, 6,265,000 francs.

ENSEIGNEMENT SECONDAIRE ET SUPÉRIEUR.

Depuis 1871 la ville de Paris a participé avec l'État à la construction et à la transformation de plusieurs établissements d'enseignement secondaire et d'enseignement supérieur.

---

(1) Les statistiques des années 1871 et 1872 ne présentent pas un caractère d'authenticité suffisante pour être produites.

L'École de médecine et l'École pratique de médecine ont été reconstruites et agrandies.

La Sorbonne et l'École de droit sont en voie de transformation.

Trois nouveaux lycées ont été créés.

Toutes ces opérations figurent aux comptes de la Ville pour une somme de 50,815,000 francs, à laquelle il faut ajouter 3,395,000 francs pour entretien et grosses réparations de l'ensemble des établissements universitaires.

ENSEIGNEMENT SECONDAIRE MUNICIPAL.

Collège Rollin. — On a vu que le collège Chaptal, bien que réunissant les divers enseignements scientifiques classiques, ne figure pas parmi les établissements d'enseignement secondaire.

Le seul collège que possède la Ville, dans cet ordre d'enseignement, est le collège Rollin, véritable lycée par l'instruction qu'y reçoivent les élèves, et dont il ne diffère que par le nom.

En 1871 le collège Rollin ne contenait que 370 places occupées par 340 élèves. Il n'y avait ni demi-pensionnaires, ni externes, sauf 99 fils de fonctionnaires qui ne figuraient pas dans l'effectif.

Il a reçu à la rentrée d'octobre 1891, 1,221 élèves, ainsi répartis : internes 195, demi-pensionnaires 287, externes 739.

Il a coûté à la ville de Paris, depuis 1871, 16,270,000 francs. Les recettes annuelles sont environ de 150,000 francs inférieures aux dépenses.

ENSEIGNEMENT SUPÉRIEUR.

La ville de Paris a fondé, en 1886, à la Faculté des lettres, un cours d'histoire de la Révolution française et, en 1888, à la Faculté des sciences un cours d'évolution des êtres organisés.

Ces deux cours lui ont coûté, depuis leur organisation, 120,000 francs.

En outre, frappée de l'impossibilité dans laquelle se trouvent beaucoup de bons esprits de suivre l'enseignement des facultés, parce qu'il leur manque les connaissances premières suffisantes pour en profiter, la municipalité parisienne a institué à l'Hôtel de Ville des cours d'enseignement populaire supérieur. Ces cours s'adressent à cette partie de la population qui, désireuse de s'instruire, ne peut recommencer ses études par le commencement. Ils comprennent : l'histoire universelle, la biologie, l'histoire nationale, l'histoire de Paris et l'éducation physique. Les quatre premiers remontent à 1889, le dernier à 1891.

Ils ont entraîné une dépense de 51,300 francs, depuis leur création.

INSTRUCTION GÉNÉRALE EN DEHORS DES ÉTABLISSEMENTS SCOLAIRES.

L'instruction n'est pas seulement donnée dans les établissements spéciaux par des professeurs, elle s'acquiert par la lecture, par la vue, par la réflexion. Aussi la ville de Paris, depuis 1871, s'est-elle efforcée de mettre à la portée de tous les moyens de travailler à acquérir des connaissances nouvelles.

BIBLIOTHÈQUES MUNICIPALES.

Jusqu'en 1877, il existait bien quelques bibliothèques municipales, mais elles étaient à peu près inconnues du public.

Ce n'est guère qu'en 1878 que ces établissements ont été sérieusement organisés et qu'ils ont commencé à rendre des services appréciables. Ils étaient alors au nombre de neuf, sur lesquels cinq seulement étaient un peu fréquentés. Les autres se contentaient d'exister.

D'ailleurs, ils n'admettaient en règle générale que des lecteurs sur place, sauf deux, qui, moyennant certaines conditions particulières assez restrictives, prêtaient des livres à domicile.

Aujourd'hui, la ville de Paris compte 66 bibliothèques populaires municipales, et toutes prêtent à domicile.

Les heures d'ouverture de ces établissements, coïncidant avec les heures de repos ou de fermeture de la plupart des ateliers et magasins, en rendent la fréquentation facile aux ouvriers, et la faculté d'emporter les livres à domicile fait plus que doubler l'importance des services rendus, en permettant à l'emprunteur, non seulement de choisir son heure et de prendre son temps pour la lecture, mais encore d'associer sa famille tout entière à son étude ou à son plaisir.

Ces bibliothèques sont installées dans les vingt mairies et dans les écoles communales.

Toutes relèvent d'un service central rattaché au cabinet du préfet de la Seine, et chargé de leur entretien et de leur administration; mais elles sont, en outre, placées, dans chaque arrondissement, sous la surveillance d'une commission instituée auprès de la mairie et présidée par le maire, à laquelle est confié le soin de choisir les livres à acquérir.

En 1878, les neuf bibliothèques alors existantes donnent un total de 29,339 lectures; en 1879, les bibliothèques sont au nombre de 11; pourvues désormais d'une organisation sérieuse, assurées d'un fonctionnement régulier, elles prêtent 57,840 volumes; et d'année en année désormais la progression s'accentue.

Le chiffre des lectures s'est élevé, en 1891, à 1,493,083, se décomposant ainsi : prêts à domicile, 1,349,541 ; lectures sur place, 143,542.

Les bibliothèques municipales ont coûté, depuis 1871, 2,300,000 francs.

État des sommes dépensées annuellement depuis 1871 pour les bibliothèques publiques d'arrondissement.

Année 1871	4.446 90
— 1872	10.039 74
— 1873	8.693 92
— 1874	19.657 30
— 1875	11.419 60
— 1876	11.594 32
— 1877	12.569 09
— 1878	15.153 10
— 1879	38.689 10
— 1880	82.134 83
— 1881	89.243 91
— 1882	100.187 48
— 1883	112.621 59
— 1884	205.089 95
— 1885	309.374 28
— 1886	185.499 62
— 1887	209.375 06
— 1888	204.126 90
— 1889	209.032 75
— 1890	223.011 01
— 1891	235.800 22
Total	2.298.761 77

HISTOIRE GÉNÉRALE DE PARIS.

L'histoire générale de Paris est sans cesse continuée par les publications historiques, la recherche et la mise au jour de monuments anciens, la pose de plaques commémoratives, et enfin par le musée et la bibliothèque Carnavalet.

Publications historiques. — Le service des Travaux historiques a publié, depuis 1873, les ouvrages suivants, relatifs à l'histoire générale de Paris :

PUBLICATIONS RELATIVES A L'HISTOIRE GÉNÉRALE DE PARIS.

1873	Les anciennes Bibliothèques, tome III	FRANKLIN.
1874	Le Cabinet des manuscrits de la Bibliothèque nationale, tome II.	L. DELISLE.
—	Étienne Marcel	T. PERRENS.
—	Les Armoiries de Paris, tome I	DE COETLOGON et TISSERAND.
1875	Les Armoiries de Paris, tome II	DE COETLOGON et TISSERAND.
1876	Topographie historique (Bourg Saint-Germain), tome III	TISSERAND.
1878	Les Jetons de l'Échevinage parisien	DAFFEY DE LA MONNOYE.
—	Atlas des anciens plans de Paris	DAFFEY DE LA MONNOYE.

1879	Le Livre des métiers d'Étienne Boileau	R. de Lespinasse et Bonnardot.
1881	Le Cabinet des manuscrits, tome III	L. Delisle.
—	Le Cabinet des manuscrits, album de planches	L. Delisle.
1882	Topographie historique du vieux Paris, tome IV (Région du faubourg Saint-Germain)	Tisserand.
1883	La Seine (Bassin parisien aux temps préhistoriques), 2ᵉ édition, 2 volumes	L. Belgrand.
—	Les Registres du Bureau de la ville de Paris, tome I	F. Bonnardot.
1885	Topographie historique du vieux Paris (le Louvre et les Tuileries), 2ᵉ édition, 2 volumes	(Service des Trav. hist.).
1886	Les Métiers et corporations de Paris, tome I	R. de Lespinasse.
—	Les Registres du Bureau de la ville de Paris, tome II	A. Tuetey.
—	Les Registres du Bureau de la ville de Paris, tome III	P. Guérin.
1887	Topographie historique du vieux Paris, tome V (Région de l'Université, partie occidentale)	Tisserand.
—	Cartulaire général de Paris, tome I	De Lasteyrie.
—	Atlas des anciens plans de Paris (2ᵉ tirage)	(Service des Trav. hist.).
1888	Les Registres du Bureau de la ville de Paris, tome IV	F. Bonnardot.
1889	Plan archéologique de Paris (1ᵉʳ état)	A. Lenoir, Berty et Petrovitch.
1890	Épitaphier du vieux Paris, tome I	E. Raunié.
1891	Les Registres du Bureau de la ville de Paris, tome V	A. Tuetey.
—	Les Registres du Bureau de la ville de Paris, tome VI	P. Guérin.
—	Recueil des inscriptions parisiennes (1881-1891)	P. Le Vayer.

PUBLICATIONS RELATIVES A L'HISTOIRE DE PARIS SOUS LA RÉVOLUTION.

1888	Les Cahiers et Élections de Paris, tomes I et II	Chassin.
1889	Les Cahiers et Élections de Paris, tomes III et IV	Chassin.
—	L'État de Paris en 1789	H. Monin.
—	La Société des Jacobins, tome I	Aulard.
—	Plan de Paris en 1789	Hochereau et Faucou.
—	Plan de Paris en 1794	Hochereau et Faucou.
1890	L'Assemblée électorale de Paris	Charavay.
—	Le Personnel municipal de Paris	Robiquet.
—	Répertoire des sources manuscrites de l'histoire de Paris pendant la Révolution, tome I	A. Tuetey.
—	Bibliographie de l'histoire de Paris pendant la Révolution, tome I	M. Tourneux.
1891	La Société des Jacobins, tome II	Aulard.
—	La Société des Jacobins, tome III	Aulard.
1892	Répertoire des sources manuscrites de l'histoire de Paris pendant la Révolution, tome II	Tuetey.
—	Bibliographie de l'histoire de Paris pendant la Révolution, tome II	M. Tourneux.

Les dépenses de cette partie de l'histoire de Paris se sont élevées à 1,614,000 francs.

Arènes de Lutèce. — Le seul monument historique important découvert pendant la période de 1871 à 1891 est l'ancien cirque romain connu sous le nom d'Arènes de Lutèce. Son achat, son entretien et sa conservation ont coûté 1,437,000 francs.

Plaques commémoratives. — Les plaques commémoratives sont apposées sur les maisons où ont habité, dans lesquelles sont nés, ou sont morts les grands hommes dont elles sont destinées à rappeler la mémoire. Quelques-unes se rapportent à un événement ou désignent l'emplacement d'un édifice disparu.

Constitué en 1879, le Comité des inscriptions parisienne a, de 1881 à 1891, réuni les documents nécessaires à l'établissement des plaques commémoratives consacrées aux hommes illustres suivants : Auber, Barye, Baudin, Béranger, Berlioz, Berryer, Blondel, Bougainville, Chateaubriand, André Chénier, Coligny, Constant de Rebecque, Corneille, David, Camille Desmoulins, Diderot, les douze héros parisiens de 886, général Foy, Victor Hugo, Ingres, Jean de Meung, Claude Josse, Lafayette, La Fontaine, Lakanal, La Palice, l'abbé de l'Épée, Littré, Henri Martin, Victor Massé, Méhul, Michelet, Mignard, Mignet, Mirabeau, Molière, Hégésipe Moreau, Alfred de Musset, Parmentier, Pascal, Prince, Edgar Quinet, Rabelais, Rossini, Rouget de l'Isle, Sainte-Beuve, Scribe, Mme de Sévigné, Talma, Vaucanson, Alfred de Vigny, Voltaire.

L'emplacement des monuments ci-après énumérés est indiqué par des inscriptions sur les immeubles qui les ont remplacés : la Bastille, le Grand-Châtelet, la Comédie-Française, porte de la Conférence, enceinte de Philippe-Auguste (portes de Nesles, Montmartre, aux Peintres, Saint-Jacques, Saint-Marcel, Saint-Victor, tour dite du Mont-de-piété), foire Saint-Germain, foire Saint-Laurent, hôtel de Sens, hôtel de Soissons, jeu de paume de la Croix-Noire, jeu de paume des Métayers, maison du Grand-Coq, marché Saint-Germain, Parloir aux bourgeois, salle du Manège, théâtres Guénégaud, du Palais-Cardinal et de l'Académie royale de musique, tour de Nesle.

Types de plaques commémoratives

Place de la Bastille, 3 :

PLAN DE LA BASTILLE
COMMENCÉE EN 1370
PRISE PAR LE PEUPLE
LE 14 JUILLET 1789
ET RASÉE LA MÊME ANNÉE
(Plan)
LE PÉRIMÈTRE DE LA FORTERESSE
EST TRACÉ SUR LE SOL DE CETTE PLACE
(14 JUILLET 1880.)

Avenue Victor-Hugo, 124 :

VICTOR HUGO
EST MORT
DANS CET HOTEL
LE 22 MAI 1885.

La pose et l'entretien des plaques commémoratives ont coûté jusqu'à ce jour 45,000 fr.

Bibliothèque et musée historiques. — C'est dans l'hôtel de Kernevay, dont le langage populaire a transformé le nom en Carnavalet, que sont réunies la bibliothèque et les collections historiques de la ville de Paris. Cet hôtel, construit par Pierre Lescot, décoré de sculptures par Jean Goujon et transformé en 1660 par Mansard, fut successivement habité par des grands seigneurs et des financiers, puis par Mme de Sévigné, de 1677 à 1696.

Elle occupait, avec Mme de Grignan, sa fille, l'appartement du premier, au fond de la cour, où sont aujourd'hui les salles de lecture de la Bibliothèque, auquel on accédait par le grand escalier de pierre, qui existe encore. M. de Grignan, pendant ses courts séjours à Paris, occupait le rez-de-chaussée au-dessous ; le marquis de Sévigné fils, l'appartement sur la rue, et l'abbé de Coulanges, oncle de la marquise, l'aile droite sur la cour. L'aile gauche renfermait la galerie et le salon de réception communs, seules pièces qui aient conservé leur décoration du temps. C'est actuellement la salle publique des estampes.

La première idée de la création d'une bibliothèque publique de la ville de Paris, spécialement consacrée à l'histoire et à l'administration municipales, remonte à 1742 et c'est au sieur Baizé, conseiller de ville, qu'en appartient l'honneur. Il avait réuni dans sa maison de la rue Saint-Antoine une riche collection de documents : manuscrits, imprimés, estampes, cartes et plans relatifs à l'histoire, aux établissements, à la topographie et aux monuments de Paris, et il fonda, avec quelques-uns de ses collègues, sous le patronage du prévôt des marchands et des échevins, une *conférence* dont les procès-verbaux ont été résumés dans un discours du secrétaire Brallet, récemment retrouvé et publié.

Confisquée par l'État en l'an V, cette bibliothèque à maintes reprises réorganisée et reconstituée était installée à l'Hôtel de Ville en 1871. Elle contenait alors 100,000 volumes, lorsqu'elle fut détruite dans l'incendie de ce monument. Quelques ouvrages, qui avaient été prêtés, échappèrent seuls au désastre.

Après la catastrophe la bibliothèque administrative fut séparée des collections historiques et celles-ci furent transportées à l'hôtel Carnavalet, où elles furent de nouveau rendues au public, le 1er janvier 1874. M. Jules Cousin, bibliothécaire à l'Arsenal, en avait commencé la reconstitution en faisant don à la Ville de 6,000 volumes et 8,000 estampes et plans spécialement relatifs à l'histoire de Paris. Au moment de sa réouverture, la bibliothèque contenait 23,000 volumes et 15,000 estampes et plans.

Une tentative de musée historique avait été entreprise avant 1870, mais ce musée mal conçu, et sur un plan trop général, dut être liquidé pour être reconstitué au point de vue exclusivement historique parisien et révolutionnaire. Cette reconstitution s'opérait très lentement lorsqu'une circonstance imprévue vint apporter un appoint de haute valeur.

Un amateur, un républicain fervent, M. de Liesville, amassait depuis vingt-cinq ans tous les documents relatifs à l'histoire de la Révolution : livres, estampes, médailles, faïences, objets divers. Il offrit libéralement à la Ville cette collection à laquelle il avait consacré la majeure partie de sa fortune et qui ne valait pas moins de 200,000 francs. M. le préfet de la Seine s'empressa d'accepter en le nommant conservateur-adjoint du musée Carnavalet ; c'est à ce titre que le modeste et généreux savant installa lui-même à l'hôtel Carnavalet le musée révolutionnaire que de nouvelles acquisitions viennent chaque jour enrichir.

La bibliothèque et le musée sont fusionnés depuis 1880.

En 1890 l'achèvement des bâtiments a doublé la superficie des galeries, et des pièces considérables, comme le bas-relief équestre d'Henri IV et la statue de Louis XIV, provenant de l'ancien Hôtel de Ville, ont été restaurées et mises en place.

La bibliothèque comptait en 1891 80,000 volumes et 70,000 estampes et plans anciens.
Le musée est réparti entre vingt-cinq salons, galeries, etc., qui toutes sont remplies d'objets intéressant l'histoire de Paris, depuis l'âge de pierre jusqu'aux époques contemporaines. Une grande salle est spécialement consacrée aux souvenirs de la Révolution.

Le musée et les collections historiques ont coûté à la ville de Paris, depuis 1871, 1,226,000 francs.

Musée Guimet. — Ce musée, cédé à l'État par son fondateur M. Guimet, renferme des objets de tous genres relatifs aux religions du monde entier, et une bibliothèque composée d'ouvrages et de manuscrits religieux des cultes de l'Orient.

La ville de Paris a participé à l'établissement du musée en fournissant le terrain et une subvention. Le tout lui a coûté 1,325,000 francs.

STATISTIQUE MUNICIPALE

Un bureau de statistique annexé à la préfecture de la Seine publie un bulletin hebdomadaire et des tableaux mensuels de statistique municipale, chaque année, un bulletin de tous les services de la ville de Paris et divers recueils périodiques ou ouvrages spéciaux.

PUBLICATIONS DU SERVICE DE STATISTIQUE DE LA VILLE DE PARIS

I. — PUBLICATIONS PÉRIODIQUES

Première série.

Estat (mensuel) *des baptêmes, des mariages et des mortuaires de la ville et des faux-bourgs de Paris,* 1670-1684.
Même publication, 1709-1791.

Deuxième série.

Recherches statistiques sur la ville de Paris et le département de la Seine. Collection de 6 volumes.
1er volume, années 1817-1818.
2e volume, années 1819, 1820, 1821 et documents rétrospectifs.
3e volume, années 1822, 1823 et documents rétrospectifs.
4e volume, années 1824, 1825 et 1826.
5e volume, années 1827, 1828, 1829, 1830, 1831, 1832, 1833, 1834, 1835, 1836.
6e volume, années 1837, 1838, 1839, 1840, 1841, 1842, 1843, 1844, 1845, 1846, 1847, 1848, 1849, 1850, 1851, 1852, 1853, 1854, 1855, 1856.

Troisième série.

Bulletins de statistique municipale, publiés chaque mois depuis janvier 1875 jusqu'en décembre 1879. Collection de 15 volumes.

Depuis 1872, des bulletins récapitulatifs annuels ont été publiés à la fin de chaque année.

Quatrième série.

Annuaire statistique de la ville de Paris, publié depuis 1880. Collection de 10 volumes.
Bulletin heddomadaire de statistique municipale, publié depuis janvier 1880. Collection de 11 volumes.
Tableaux mensuels de statistique municipale de la ville de Paris, publiés par fascicules mensuels depuis janvier 1885. Collection de 6 volumes.
Atlas de statistique graphique de la ville de Paris, année 1888, 1 volume.
Résultats statistiques du dénombrement de 1881 pour la ville de Paris et renseignements relatifs aux recensements antérieurs, 1 volume.
Résultats statistiques du dénombrement de 1886 pour la ville de Paris et le département de la Seine et renseignements relatifs aux dénombrements antérieurs, 1 volume.

II. — PUBLICATIONS OCCASIONNELLES.

Rapport sur la marche et les effets du choléra morbus (1832) dans Paris et les communes rurales du département de la Seine. Paris, 1834.
Tableaux statistiques de l'épidémie cholérique à Paris en 1865, Paris, 1872.
Rapport sur l'épidémie de choléra qui a sévi à Paris en 1873.
Tableaux statistiques de l'épidémie cholérique de 1884 à Paris et étude statistique des épidémies antérieures, 1 volume.
Cartogrammes et diagrammes relatifs à la population parisienne et à la fréquence des principales maladies à Paris (1865-1887) envoyés à l'Exposition universelle de 1889, 1 volume.

La statistique a coûté à la ville de Paris, depuis 1891, 910,000 francs.

OBSERVATOIRE DE MONTSOURIS.

Le palais du bey de Tunis, qui avait figuré au Champ-de-Mars, lors de l'Exposition universelle de 1867, a été réédifié dans l'enceinte du parc de Montsouris.

Un observatoire météorologique y a été installé. Par une délibération du 11 avril 1876, le Conseil municipal a voté en faveur de cet établissement un crédit annuel pour l'organisation d'un service municipal chargé de faire, dans l'intérieur de Paris, des observations météorologiques au point de vue spécial de l'hygiène.

Un observatoire astronomique a été créé également dans le parc de Montsouris. Cet observatoire reçoit une subvention spéciale de 3,000 francs depuis 1878.

Les frais divers d'entretien, de subvention et de publication des observations météorologiques se sont élevées, depuis 1877, à 522,000 francs.

BOURSES.

BOURSES D'ÉTUDES.

Dans les chapitres qui précèdent on a vu comment fonctionnaient les établissements d'instruction de la ville de Paris. Ce n'est pas tout, elle entretient un grand nombre de bourses dans diverses institutions, dont les unes sont similaires des écoles municipales et dont les autres s'adressent à des catégories d'élèves, pour lesquelles elle ne possède pas d'enseignement organisé.

Ces bourses combinées avec la gratuité des enseignements primaire (celle-ci imposée par la loi), primaire supérieur et professionnel, permettent à tout enfant de Paris, dont la famille est sans ressources, de pousser ses études aussi loin que son intelligence le comporte, sans que ses parents aient aucune charge à supporter.

Bourses d'externe dans divers établissements libres et laïques d'enseignement primaire. — Ces bourses sont destinées à pourvoir, dans certains quartiers, à l'insuffisance des écoles communales. Leur nombre est fixé d'avance pour chaque établissement et les enfants y sont envoyés par la mairie comme à l'école publique.

Créées en 1879, elles ont été la première année au nombre de 455 ; il y en avait 3,088 en 1891.

Elles ont coûté, pendant cette période, 2,280,000 francs.

Bourses dans les internats primaires. — Ces bourses sont surtout utiles aux familles d'ouvriers et de petits employés que leur travail empêche de conserver leurs enfants chez eux et dont les ressources, sans être absolument nulles, ne sont pas suffisantes pour leur permettre de recourir aux pensions particulières, en payant le plein tarif.

Le 31 juillet 1882 le Conseil municipal avait décidé que des enfants pourraient être placés dans des internats primaires privés, moyennant un prix de pension de 600 francs, payé jusqu'à concurrence de 420 francs (soit 35 francs par mois) par la famille, et jusqu'à concurrence de 180 francs par la ville de Paris. Le trousseau, sauf délibération contraire, était à la charge des familles (1). Aux termes d'une délibération du 9 décembre 1891, désormais les familles ne paieront plus que 10 ou 20 francs par mois, suivant leur situation de fortune. Une commission spéciale est chargée de fixer le taux de cette rétribution. Le trousseau est payé par la Ville.

135 bourses ont été accordées la première année, leur nombre s'est élevé à 277 en 1891.

Dépense, depuis la création : 720,000 francs.

Bourses d'enseignement primaire supérieur. — Avant 1882, l'enseignement primaire supérieur n'était pas gratuit. Aussi la Ville entretenait-elle un grand nombre de bourses dans les écoles qui y étaient consacrées. Depuis que la gratuité a été prononcée, ces bourses sont devenues sans cause et les seules qui subsistent sont instituées au collège Chaptal (2) et à l'école J.-B. Say (internat et demi-pension).

---

(1) Un grand nombre d'indemnités de trousseau étaient accordées chaque année.
(2) Ce sont en grande partie plutôt des bourses d'enseignement classique (sciences) que des bourses d'enseignement primaire supérieur.

Elles sont ainsi réparties :

Collège Chaptal :

15 bourses entières d'internat,
24 bourses d'interne à 3/4,
64 demi-bourses d'interne,
50 bourses d'externe,
10 demi-bourses en faveur des Alsaciens-Lorrains.

École J.-B. Say :

7 bourses entières d'interne,
14 bourses d'interne à 3/4,
25 demi-bourses d'interne.

Les bourses d'enseignement primaire supérieur ont occasionné, depuis 1871, une dépense de 2,423,000 francs.

Bourses dans divers établissements libres et laïques d'enseignement primaire supérieur ou professionnel de jeunes filles :

Nombre en 1879 (date de la création)................. 56
— en 1891 94

Dépense, 347,000 francs.

Bourses aux institutions nationales des sourds-muets de Paris et des sourdes-muettes de Bordeaux. — Des classes de sourds-muets et de sourdes-muettes sont organisées dans certaines écoles communales. Les enfants y reçoivent une instruction primaire élémentaire. Mais, pour pousser plus loin leurs études, il leur faut des maîtres spéciaux ayant fait une étude approfondie des méthodes particulières d'enseignement qui leur sont applicables.

C'est afin de donner ces maîtres aux plus intelligents qu'ont été instituées des bourses aux institutions nationales de Paris (garçons) et de Bordeaux (filles).

Ces bourses étaient au nombre de 27 en 1871.

Elles ont été portées à 44, savoir :

A l'Institution nationale des sourds-muets de Paris...... 25
— — des sourdes-muettes de Bordeaux 15
A l'école enfantine annexée à cette institution.......... 4

Elles ont coûté, de 1871 à 1891, 465,000 francs.

Bourses à l'Institution nationale de jeunes aveugles. — Subvention à l'école Braille. — La ville de Paris participe à l'enseignement élémentaire des jeunes aveugles au moyen de subventions à l'école Braille. Cet établissement, dû à l'initiative de la Société d'assistance aux jeunes aveugles, appartient actuellement au département de la Seine. Des bourses municipales y avaient été fondées en 1883; elles ont été transformées en subvention, depuis que l'école est devenue départementale.

Quant aux bourses à l'Institution nationale des jeunes aveugles, elles ont été portées depuis 1871 de 28 à 36.

L'enseignement des aveugles a entraîné, de 1871 à 1891, une dépense de 670,000 fr.

Bourses dans les lycées de Paris et au collège Rollin. — Le tableau suivant présente le développement des bourses d'enseignement secondaire depuis 1871.

LYCÉES ET COLLÈGE	1871 à 1878	1879 à 1881	1882	1883	1884	1885	1886	1887	1888	1889	1890	1891
Saint-Louis	61	61	61	61	61	61	61	61	61	61	61	61
Louis-le-Grand	49	49	49	49	49	49	49	49	49	49	49	49
Henri-IV	49	49	49	49	49	49	49	49	49	49	49	49
Charlemagne	»	»	10	20	30	30	30	30	30	30	30	30
Condorcet	»	»	5	10	15	20	25	30	35	35	33	30
Janson de Sailly	»	»	»	»	»	»	15	25	35	45	41	36
Buffon	»	»	»	»	»	»	»	»	»	»	9	9
Voltaire	»	»	»	»	»	»	»	»	»	»	»	9
Rollin	59	101	101	101	101	101	101	101	101	101	90	90
Totaux	218	260	275	290	305	310	330	345	360	370	362	363

La dépense s'est élevée à 3,523,000 francs.

État des sommes dépensées annuellement depuis 1871 pour bourses dans les lycées de Paris et au collège Rollin.

1871	82.691 25
1872	112.050 »
1873	112.650 »
1874	116.285 »
1875	115.325 »
1876	116.325 »
1877	142.973 50
1878	142.427 50
1879	148.219 »
1880	156.305 »
1881	158.465 »
1882	160.145 50
1883	173.974 50
1884	182.739 50
1885	194.082 50
1886	208.641 25
1887	221.609 77
1888	235.146 94
1889	253.819 67
1890	243.679 08
1891	246.464 45
Total	3.523.019 41

Bourses dans des établissements d'enseignement supérieur et dans les facultés. — La ville de Paris entretient des élèves boursiers, dont le nombre varie selon les besoins, dans les établissements d'enseignement supérieur et dans les facultés dont la désignation suit, avec la date de la création des bourses :

École centrale des arts et manufactures : bourses antérieures à 1871; le crédit a été porté de 7,200 francs à 18,000 francs.

École des hautes études commerciales (1882).

Faculté de droit (1884).

Faculté des sciences (bourse de doctorat à une institutrice de 1883 à 1886).

Faculté de médecine (1887).

École de pharmacie (1887).

Trousseau alloué à un élève de l'École normale supérieure en 1889.

Dépense totale : 460,000 francs.

Bourses dans divers établissements. — École normale d'institutrices. — Bourses entretenues depuis 1875 à l'aide du produit de trois legs à ce affectés par les testateurs. Dépense annuelle : 5,573 francs.

Écoles des arts et métiers, emploi du legs de Mylius.

Bourses dans les écoles professionnelles de jeunes filles. Ces bourses, attribuées seulement en 1882, n'ont pas été continuées à raison de la gratuité de l'enseignement professionnel municipal.

Bourses dans les écoles d'agriculture accordées par décisions spéciales de 1885 à 1891.

Bourses à l'Institut commercial créées en 1887.

Enfin, bourses et secours d'études divers alloués à titre purement personnel, à raison de situations particulières.

Ces diverses allocations ont entraîné une dépense de 486,000 francs.

BOURSES D'ENTRETIEN.

Sans les bourses d'études, un grand nombre de jeunes gens bien doués et capables de devenir plus tard des citoyens utiles ne pourraient acquérir les connaissances, qui leur donneront les moyens de vivre honorablement d'une profession rémunératrice. Mais beaucoup d'entre eux appartiennent à des familles pauvres qui ont besoin, pour subsister, du travail de leurs enfants. Tout le temps que ceux-ci passent à l'école représente donc une perte d'argent immédiate pour les parents.

Afin de combler ce déficit dans les ménages d'ouvriers, de petits employés et de commerçants dont le trafic suffit tout juste à assurer l'existence, des bourses dites « d'entretien » ont été créées, en 1883, dans les écoles primaires supérieures et dans les écoles professionnelles et ménagères de jeunes filles.

Elles sont remplacées dans les écoles professionnelles de garçons par diverses allocations, qui ont été indiquées au titre de chacun de ces établissements.

Le montant de la bourse est payé à la personne qui a la charge effective de l'enfant. Elles peuvent être fractionnées.

Écoles primaires supérieures et collège Chaptal :

    Écoles primaires supérieures :

1re année, 24 bourses entières à 300 francs.
2e — 32 — à 400 —
3e — 34 — à 500 —
4e — 23 — à 500 —

    Collège Chaptal :

1re année, 4 bourses entières à 300 francs.
2e — 4 — à 400 —
3e — 4 — à 500 —
4e — 4 — à 500 —

Dépense, depuis 1883 : 635,000 francs.

Écoles professionnelles et ménagères de jeunes filles :

    1° École rue Bouret, n° 46 :

1re année, 3 bourses entières à 300 francs.
2e — 5 — à 400 —
3e — 4 — à 500 —

    2° École rue Bossuet, n° 14 :

1re année, 1 bourse entière à 300 francs.
2e — 2 — à 400 —
3e — 6 — à 500 —

    3° École rue Ganneron, n° 26 :

1re année, 4 bourses entières à 300 francs.
2e — 6 — à 400 —
3e — 6 — à 500 —

    4° École rue Fondary, n° 20 :

30 bourses d'habillement ;
58 bourses de déjeuner.

5° École rue de la Tombe-Issoire :

49 bourses de déjeuner.

Des bourses d'habillement seront attribuées prochainement (1).

Dépense, de 1883 à 1891, 190,000 francs, y compris 8,030 francs pour bourses d'entretien à l'école Diderot en 1883 et diverses allocations à des élèves de l'école Germain-Pilon.

Bourses d'entretien diverses. — 24 bourses d'entretien avaient été instituées en 1885 au cours normal préparatoire à l'enseignement des écoles maternelles. Le nombre des institutrices pourvues des diplômes de cet enseignement dépassant aujourd'hui de beaucoup les besoins du service, on a estimé qu'il serait peu sage de pousser les jeunes filles vers des études qui les prépareraient à une carrière encombrée et que la plupart d'entre elles ne pourraient embrasser. Ces bourses sont donc en voie d'extinction.

Des allocations spéciales ont été, en outre, attribuées à des élèves de l'École de physique et de chimie industrielles et de l'école Boule de 1888 à 1891.

Ces diverses bourses d'entretien et allocations représentent une dépense de 44,000 francs.

SUBVENTIONS.

Chaque année, le budget municipal fournit, au moyen de subventions, des ressources à des établissements et associations d'enseignement fondés et entretenus par l'initiative privée.

4,524,000 francs ont été attribués depuis 1871 à celles de ces associations ayant pour objet l'enseignement primaire, l'enseignement primaire supérieur ou l'enseignement professionnel et aux orphelinats.

L'enseignement supérieur, les recherches scientifiques, les explorations, etc., ont été encouragés par des allocations qui se sont élevées à 990,000 francs.

Bibliothèques populaires. — 17 bibliothèques populaires libres ouvertes au public reçoivent depuis 1876 des subventions dont le chiffre annuel a été porté de 7,000 à 33,000 francs (dépense totale : 367,300 francs).

Ces établissements, dus à l'initiative privée, sont entretenus, en outre des subventions, par les cotisations de 6,509 sociétaires. Le chiffre de ces cotisations varie de 0 fr. 25 c. à 0 fr. 50 c. par mois. Le nombre des volumes atteint 98,000 et celui des lectures dépasse actuellement 200,000.

---

(1) L'école de la rue de la Tombe-Issoire n'a été ouverte qu'en 1891.

État des sommes dépensées annuellement depuis 1876 pour subventions aux bibliothèques populaires privées.

Année 1876	7.000 »
— 1877	7.000 »
— 1878	11.000 »
— 1879	13.000 »
— 1880	13.000 »
— 1881	22.000 »
— 1882	22.000 »
— 1883	23.500 »
— 1884	30.000 »
— 1885	30.000 »
— 1886	30.000 »
— 1887	31.300 »
— 1888	31.000 »
— 1889	32.500 »
— 1890	32.000 »
— 1891	32.000 »
Total	367.300 »

Sociétés de tir et de gymnastique. — Avant 1871, les sociétés de gymnastique et de tir n'existaient pas. Depuis cette époque elles se sont peu à peu constituées et, grâce à l'aide qui leur est venue de tous côtés, elles ont développé chez les jeunes gens le goût des exercices physiques, en même temps que l'esprit d'ordre et de discipline.

Les sociétés de gymnastique sont alimentées au moyen de cotisations minimes qui, pour la plupart, ne suffiraient pas à les faire vivre.

Quant aux sociétés de tir, elles sont de deux sortes ; les unes, purement civiles, sont le plus souvent annexées à une société de gymnastique ; les autres, organisées par un régiment territorial d'infanterie, reçoivent de l'État certains avantages.

Une grande quantité de ces associations sont subventionnées par la ville de Paris, qui met en outre à leur disposition des locaux pour leurs exercices et leur donne des prix pour leurs concours.

C'est en 1884 que furent accordées les premières subventions, au nombre de trois ; il y en eut 40 en 1885 ; il y en a eu 74 en 1891.

Le tout a coûté 416,000 francs.

Écoles de dessin pour les femmes et les jeunes filles. — 17 écoles de dessin pour les femmes et les jeunes filles reçoivent des subventions municipales, en échange desquelles elles doivent donner l'enseignement gratuit à un certain nombre d'élèves, qui varie selon le montant de la somme allouée annuellement. Le tableau suivant indique depuis 1871 la progression du nombre de jeunes filles qui ont ainsi pu acquérir des connaissances artistiques.

ÉCOLES DE DESSIN SUBVENTIONNÉES	1871	1872	1873	1874	1875	1876	1877	1878	1879	1880	1881	1882	1883	1884	1885	1886	1887	1888	1889	1890	1891
Rue de Rambuteau, 85...........	25	25	25	25	30	35	40	40	40	30	30	20	25	30	30	18	28	28	30	37	37
Rue des Forges, 47.............	54	40	32	36	44	45	36	43	37	33	35	34	36	36	30	32	35	38	39	37	38
Rue des Archives, 22...........	»	»	»	»	»	»	»	»	»	»	»	»	»	»	»	67	76	65	63	55
Quai Bourbon, 29...............	»	»	»	»	»	»	»	»	»	»	»	»	»	»	»	44	60	40	46	48
Rue Madame, 3.................	25	25	26	28	30	38	40	38	50	50	50	55	60	63	65	70	80	80	80	80	84
Rue Vavin, 19..................	»	»	»	»	»	»	»	»	»	»	»	»	»	»	»	»	»	»	»	15	83
Rue du Bac, 83.................	24	25	32	42	34	40	38	68	82	72	68	74	78	68	62	64	78	75	82	76	88
Rue d'Anjou....................	»	»	»	»	32	36	36	34	30	35	34	36	32	33	34	32	30	29	30	34	34
Rue Milton, 5..................	33	36	32	43	55	60	60	65	66	62	70	72	70	72	73	74	76	73	70	72	75
Rue du Faubourg-Saint-Martin...	»	»	»	»	»	»	»	»	»	»	»	42	45	44	47	48	49	48	47	49
Avenue d'Italie, 22............	»	»	»	»	»	»	»	»	»	110	112	146	77	79	82	78	78	81	69	51
Avenue du Maine, 174...........	»	»	35	40	35	36	34	37	40	39	45	38	33	37	35	35	42	40	33	34	35
Rue de Passy, 49...............	»	»	»	33	26	30	42	64	61	55	55	64	50	44	46	47	52	49	46	66	64
Rue Lebouteux, 5...............	»	»	»	42	32	33	55	33	46	62	41	39	39	41	39	37	30	53	40	54	55
Rue Doudeauville, 80...........	30	31	34	51	50	56	53	70	65	55	60	50	55	55	59	60	59	58	55	56	56
Rue Flecon, 5..................	»	»	»	»	»	»	»	»	»	»	»	»	»	»	»	15	23	32	41	62	82
Rue Delouvain..................	»	»	»	»	»	»	»	»	»	»	»	»	»	»	»	»	56	44	62	43
TOTAUX..........	191	182	216	340	368	409	434	489	517	493	596	591	666	603	593	607	770	874	821	909	974

Montant des subventions : 1,170,000 francs.

BEAUX-ARTS

Tout le monde parle du goût parisien et reconnaît sa supériorité. A quoi tient-elle? Les habitants de la vieille Lutèce forment-ils une race à part mieux douée que les autres? Assurément non. D'ailleurs ils n'appartiennent à aucune en particulier; Paris est la synthèse de la France où la sagesse et le bon sens de l'homme du nord viennent se parer de l'imagination et de l'éclat du méridional.

Mais à chaque pas le beau sous tous ses aspects s'offre à l'œil, frappe l'oreille, s'infiltre peu à peu dans l'esprit, et tel venu à peine dégrossi du fond de son village devient en quelques années, sans étude et sans effort, capable de sentir, sinon d'apprécier, l'art le plus délicat.

Par ses écoles professionnelles-artistiques la municipalité façonne des ouvriers-artistes pour l'art industriel, par ses commandes elle encourage et fait vivre l'art pur, par les monuments, les statues, les œuvres de toutes sorte dont elle pare les voies publiques et les promenades, elle instruit le passant.

Peinture, sculpture, gravure. — Depuis 1871, 215 commandes de tableaux, 357 de statues et sculptures diverses, 5 de vitraux et 23 de gravures ont été faites pour la décoration des monuments municipaux.

Ces acquisitions ne sont pas les seules. Chaque année les représentants de la ville de Paris visitent les expositions artistiques, salons des Champs-Élysées et du Champ-de-Mars, Blanc et noir, Artistes indépendants, etc., et achètent des œuvres de valeur dont les auteurs ont encore besoin d'être soutenus. Les collections de la ville de Paris se sont ainsi enrichies, en 21 ans, de 64 tableaux et aquarelles, 112 statues et bas-reliefs et 21 gravures ou dessins.

De plus la ville de Paris a participé à l'érection de monuments dédiés à la mémoire d'hommes illustres et dont les dépenses ont été supportées par des souscriptions particulières.

Les sommes consacrées à ces divers travaux, acquisitions et souscriptions se sont élevées, pendant cette période, à 5,313,000 francs.

Théâtres. — La Ville est propriétaire de trois théâtres, le Châtelet et la Gaîté — pièces à grand spectacle — et le Théâtre-Lyrique occupé actuellement par l'État qui y a installé l'Opéra-Comique.

Les frais d'entretien et de réparation de ces édifices ont dépassé, depuis 1871, 3,760,000 francs.

Musique. — Tous les trois ans, depuis 1876, un concours est ouvert entre les poètes et compositeurs de musique pour une œuvre symphonique avec soli, chœurs et orchestre. Le lauréat reçoit un prix de 10,000 francs et l'œuvre couronnée est exécutée aux frais de la Ville.

Des subventions ont été accordées à diverses reprises à des organisateurs d'opéra populaire. Malheureusement aucune de ces tentatives n'a réussi.

Le budget municipal est aussi venu en aide dans des circonstances particulières aux concerts Pasdeloup et à l'École française de musique et de déclamation.

En résumé l'encouragement à la musique a coûté à la ville de Paris, depuis 1876, 361,000 francs.

Les dépenses pour l'inventaire des œuvres d'art en cours d'exécution et divers frais d'administration se sont élevées à 98,000 francs.

FÊTES

Les fêtes données par la ville de Paris ont eu pour but tantôt d'honorer ses hôtes, tantôt de célébrer la commémoration d'un événement, tantôt enfin de participer à une série de cérémonies organisées à l'occasion des expositions de 1878 et de 1889.

Elles ont pour effet d'occasionner à ceux qui y prennent part des dépenses dont profitent les travailleurs et les commerçants.

Les principales fêtes non périodiques ont été les suivantes :

Réception du schah de Perse en 1873.

Fête du 30 juin 1878.

Inauguration de l'Hôtel de Ville en 1882.

Réception des maires des chefs-lieux de canton en 1888.

Fêtes du centenaire de la Révolution, banquet de l'Hôtel de Ville, banquet des maires, réception des sociétés de gymnastique, etc., en 1889.

En outre la municipalité a pris part ou alloué des subventions à diverses fêtes organisées par l'État, des communes ou des sociétés.

Dépense : 662,000 francs.

Bals de l'Hôtel de Ville. — Tous les ans depuis 1887 deux grands bals sont donnés à l'Hôtel de Ville. Ils sont offerts spécialement aux personnes qui prêtent gratuitement leur concours aux œuvres municipales. Le nombre des invitations est de 10 ou 12,000 pour chacun d'eux. En 1890 une quête a été faite au profit des indigents. En 1891 et 1892 cette quête a été remplacée par l'installation de buffets, dans lesquels les consommations sont vendues au bénéfice des pauvres (1). Cette nouvelle institution a donné d'excellents résultats.

Les bals ont coûté, depuis 1887, 680,000 francs.

Fête nationale. — Décidée par le Parlement en 1880, la fête nationale a été célébrée pour la première fois le 14 juillet de cette même année. La ville de Paris y participe, et tous les ans, en dehors du concours qu'elle prête à l'État, elle distribue aux indigents une somme de 100,000 francs (60,000 francs seulement en 1880). Depuis

---

(1) Sans préjudice des buffets gratuits.

12 ans, les dépenses de la fête nationale ont atteint 4,327,000 francs, dont 1,160,000 fr. ont été attribués à l'Assistance publique.

L'entretien du mobilier spécial des fêtes et divers frais accessoires figurent aux comptes, depuis 1891, pour 84,000 francs.

Congrès. — La ville de Paris est intervenue depuis 1871 dans un grand nombre de congrès en France et à l'étranger. Aux uns elle a envoyé des représentants, aux autres elle a accordé des subventions destinées soit aux frais d'organisation, soit à pourvoir aux dépenses de voyage de délégations ouvrières ou d'associations diverses.

Les sommes consacrées aux congrès ont atteint 95,000 francs.

Grand prix de Paris. — Tous les ans, au mois de juin, la saison des courses de Longchamp est close par une solennité hippique connue sous le nom de Grand prix de Paris, parce que la municipalité parisienne alloue à cet effet une somme qui a varié de 60 à 70,000 francs par an.

1,228,000 francs ont été dépensés de ce chef, de 1872 à 1891.

EXPOSITIONS

Les travaux entrepris pour l'amélioration des conditions de la vie à Paris ont été rendus publics et soumis au jugement de tous, dans de nombreuses expositions, auxquelles ont pris part les services municipaux.

L'État a reçu de la ville de Paris, comme participation aux frais généraux des expositions universelles de 1878 et de 1889, 6 millions, pour la première, et 8 millions, pour la seconde.

Des subventions ont, en outre, été accordées aux expositions ouvrières et aux exposants ouvriers dans les expositions universelles ou particulières. Grâce aussi aux ressources qui leur ont été fournies par les fonds de la ville de Paris, des délégations ouvrières ont pu aller dans les expositions étrangères étudier sur place les questions intéressant les progrès de leur profession.

Enfin, toujours soucieuse du bien-être de ceux qui la servent, la municipalité a alloué aux petits employés de son administration, pendant la durée des expositions universelles de 1878 et de 1889, un supplément de 10 % du montant de leur traitement, afin de les indemniser des dépenses que le renchérissement leur occasionnait pendant ces périodes.

Les expositions auxquelles la ville de Paris a participé depuis 1871 ont été les suivantes :

Exposition internationale de Vienne en 1873.
    Id.   de Londres en 1874.
    Id.   de Philadelphie en 1876.
Exposition d'hygiène de Bruxelles en 1876.
    Id.   universelle de Paris en 1878.
    Id.   internationale de Melbourne en 1880.
    Id.   d'électricité de Paris en 1881.
    Id.   d'hygiène de Genève en 1882.
    Id.   internationale d'Amsterdam en 1883.
    Id.   de Boston en 1883.
    Id.   d'hygiène de Londres en 1884.
    Id.   internationale d'Anvers en 1885.
    Id.   du travail de Paris en 1885.
    Id.   de la Nouvelle-Orléans en 1885.

Envoi de délégations ouvrières aux expositions anglaises en 1886.
Exposition d'hygiène urbaine de Paris en 1886.
    Id.   d'hygiène de l'enfance en 1886.
    Id.   universelle en 1889.
    Id.   des sciences et des arts industriels de Paris en 1890.
    Id.   **française** de Moscou en 1891.
    Id.   de micrographie d'Anvers en 1891.
    Id.   du travail de Paris en 1891.

De nombreuses récompenses ont été décernées aux services administratifs et techniques par les jurys de ces expositions.

Dépenses de toute nature résultant d'expositions, 22,570,000 francs.

DEUXIÈME PARTIE

AMÉLIORATION DES CONDITIONS MATÉRIELLES DE LA VIE

SANTÉ PUBLIQUE

DEUXIÈME PARTIE.

APPLICATION DES DONNÉES GÉNÉRALES DE LA VIE

à quatre ordres

EAU

LE PASSÉ. — LE PRÉSENT.

En 1854 Paris, qui comptait alors 1,180,000 habitants, ne disposait que de 70,000 mètres cubes d'eau de qualité inférieure provenant du canal de l'Ourcq et de la Seine.

C'est l'ingénieur Belgrand qui, le premier, posa nettement les bases d'une alimentation suffisante et rationnelle : eau de source réservée à la consommation, eau de rivière pour les usages qui n'exigent pas une eau de qualité supérieure, et, par conséquent, double canalisation. Cette division était imposée par la situation de Paris, qui se trouve à une grande distance de sources utilisables.

Les travaux commencés en 1863 se continuèrent sans interruption jusqu'en 1870. Les seules sources captées furent celles de la Dhuis et du Surmelin, dont le débit est de 20,000 mètres cubes environ par jour. On construisit également diverses usines élévatoires afin d'augmenter la quantité d'eau de rivière mise à la disposition du service public et privé. C'est pendant cette même période que furent entrepris les forages des puits artésiens de Passy et de la place Hébert, dont le second vient seulement d'être terminé.

L'opération capitale fut la dérivation des sources de la Vanne, dont la mise en service définitif ne remonte qu'à 1875.

La Vanne est une petite rivière, qui prend sa source dans le département de l'Aube et se jette dans l'Yonne un peu en amont de Sens. Son bassin mesure 965 kilomètres carrés. Les sources hautes sont comprises entre les cotes 135 et 108; elles arrivent dans l'aqueduc par la simple action de la gravité. Les sources basses coulent entre les altitudes 78 et 86, à 15 ou 20 mètres au-dessous du niveau de l'aqueduc principal, dans lequel elles sont relevées par trois usines hydrauliques.

L'aqueduc a une longueur de 173 kilomètres, y compris 16,223 mètres d'aqueduc de captation des sources, et 20,386 mètres de collecteur. Le diamètre de l'aqueduc principal varie de 2 mètres à 2 m. 10 c.

Les eaux sont amenées dans le réservoir de Montrouge, dont les deux étages peuvent contenir ensemble 258,050 mètres d'eau.

Depuis l'achèvement des travaux, l'aqueduc a subi de nombreuses améliorations; des décharges, des déversoirs ont été créés. Un aqueduc d'équilibre a été construit pour régler le travail des trois usines élévatoires. Enfin une machine à vapeur de 120 chevaux a été installée à La Forge.

Afin de parer à l'abaissement du débit de la Vanne pendant la saison sèche, les sources de Cochepies, dont le débit journalier ne descend jamais au-dessous de 20,000 mètres cubes, ont été captées et jetées dans l'aqueduc de la Vanne, au moyen d'un aqueduc de 9 kilomètres 1/2 et d'une usine élévatoire d'une force de 200 chevaux. Les travaux ont duré de 1881 à 1888.

L'eau de source ne suffit pas, il faut pour le service public et pour certaines industries des quantités considérables d'eau de rivière ; aussi a-t-il paru nécessaire de créer de puissantes usines élévatoires nouvelles.

Actuellement, les quantités d'eau dont dispose la population parisienne sont les suivantes :

Eau de rivière :

Ourcq...	135.000 m/c	
Marne...	90.000 m/c	
Seine..	240.000 m/c	
	465.000 m/c	465.000 m/c

Eau de source :

Dhuis et source Saint-Maur.....................	25.000 m/c	
Vanne...	120.000 m/c	
	145.000 m/c	145.000 m/c
Eau d'Arcueil et puits artésiens.................		8.000 m/c
Ensemble........		618.000 m/c

Mais, en raison des accidents qui peuvent arriver aux machines, de la baisse des sources en été, etc., on ne doit pas compter sur des quantités supérieures à 430,000 mètres cubes pour les eaux de rivière, d'Arcueil et des puits artésiens, et à 130,000 mètres cubes pour les eaux de source, soit 560,000 mètres cubes. Ce qui donne environ 228 litres par jour et par personne.

En 1871, on n'avait que 200,000 mètres cubes d'eau de rivière et de puits artésiens et 25,000 mètres cubes d'eau de source.

Les eaux de rivière, contaminées par la présence de détritus de toutes sortes, sont, non pas impropres à l'alimentation après filtrage, mais de qualité inférieure ; elles ont, en outre, ce grave défaut de ne pas être toujours, quoi qu'on fasse, d'une limpidité parfaite et de subir des variations de température telles qu'elles sont presque chaudes en été.

Les eaux de source, au contraire, sont excellentes et conservent leur fraîcheur en tout temps.

Le titre hydrotimétrique de l'eau de la Dhuis est de 23°. Elle ne contient en quantités appréciables que du carbonate de chaux ; on n'y trouve que des traces de sulfates, de chlorures et de sels alcalins.

Le titre hydrotimétrique des eaux de la Vanne est compris entre 17° et 20° ; le carbonate de chaux qu'on y rencontre à peu près seul atteint en effet la proportion de 17 à 20 centigrammes par litre.

Enfin, il ne suffisait pas d'avoir la quantité d'eau nécessaire, il était indispensable de la faire monter à une hauteur telle qu'elle pénétrât aux étages supérieurs des quartiers les plus élevés. Dans ce but, des usines de relais ont été établies et actuellement dans toutes les parties de la ville la pression est assez forte pour amener l'eau dans les logements. La double canalisation est complète et les conduites sont partout à portée des immeubles.

Jusqu'à 1880, les divers modes de fourniture de l'eau entraînaient un gaspillage considérable.

Lorsque l'eau de sources fut distribuée et que son emploi se fut généralisé, on reconnut bientôt que le volume dont on disposait serait insuffisant si l'on n'arrêtait pas l'usage illimité et sans contrôle de cette eau. De là est venue la nécessité d'imposer, dans la plupart des cas, l'emploi des compteurs.

Les différentes mesures prises en vue de supprimer les abus ou tout au moins de les amoindrir, jointes à l'emploi du compteur, ont été le signal d'un abaissement des tarifs, qui a permis de développer les abonnements du service privé. C'est le public qui a bénéficié immédiatement, à partir de 1880, des économies d'eau obtenues par une meilleure réglementation.

Sur le montant des anciennes polices, qui était en nombre rond de 9 millions de francs, le dégrèvement a été de plus de 1,600,000 francs, soit 18 %; mais il n'a pas consisté en un abaissement uniforme de l'ancien tarif : on a tenu à en faire profiter surtout les petits abonnements et l'industrie.

Pour les usages domestiques, l'abonnement à 1 mètre cube, ou 10 hectolitres par jour, continue à être payé 120 francs par an, soit 12 francs par hectolitre.

Mais avant 1880, le tarif était rapidement progressif pour les abonnements inférieurs à un mètre cube, qui d'ailleurs ne descendaient pas au-dessous de 250 litres. Cinq hectolitres par jour coûtaient 100 francs par an ou 20 francs l'hectolitre ; l'abonnement minimum de 250 litres se payait 60 francs, soit 24 francs par hectolitre.

Aujourd'hui, l'abonnement de 500 litres, soit à la jauge, soit au compteur, ne coûte plus que 60 francs au lieu de 100 francs ; celui de 250 litres que 40 francs au lieu de 60 francs ; et enfin, on sert des abonnements de 125 litres à raison de 20 francs, c'est-à-dire qu'on peut s'abonner pour un prix inférieur des deux tiers à l'ancien minimum.

On a fait plus encore. On a créé des petits abonnements d'appartement servis en eaux de sources à robinet libre. Ils ne coûtent que 16 fr. 20 c. par an pour trois personnes, et 4 francs par personne supplémentaire.

On peut dire que, parmi les capitales, Paris est une de celles où l'eau de consommation domestique est relativement bon marché, en même temps qu'elle est excellente.

Pour l'eau spécialement affectée aux usages industriels ou commerciaux, le dégrèvement a été bien autrement important que pour les eaux du service privé ou d'alimentation.

Avant 1880, les eaux de rivières, quelle que fût leur destination, coûtaient le même prix que les eaux de sources; le commerce et l'industrie ne jouissaient à cet égard d'aucun privilège.

La seule eau qui fût vendue à un prix inférieur (60 francs au lieu de 120 francs par mètre cube de consommation journalière) était l'eau d'Ourcq, qui ne dessert que les quartiers bas.

Paris était ainsi divisé en deux zones fort inégalement traitées, et c'était précisément dans celles où se trouvent presque tous les établissements industriels que l'eau se payait le plus cher, dans la proportion de deux à un.

Actuellement, dans tous les quartiers indistinctement, l'eau qui sert au service public dans la rue, que ce soit de l'eau d'Ourcq, de l'eau de Seine ou de l'eau de Marne, est livrée aux riverains de cette rue au prix de l'eau d'Ourcq, pour tous les usages industriels et commerciaux et, par extension, pour les arrosages des cours et jardins et le service des écuries et remises.

En résumé, jusqu'à ce jour, les municipalités républicaines de Paris ont mené à bien la dérivation de la Vanne commencée antérieurement à 1871; les sources de Cochepies ont été captées; les puits artésiens terminés. Une double canalisation et de nombreuses usines élévatoires ont permis l'emploi des eaux de rivières pour tous les usages auxquels l'eau de source est inutile. Des relais ont monté l'eau dans les quartiers les plus élevés.

On trouvera aux titres des égouts et des sapeurs-pompiers l'indication des travaux effectués en vue du lavage des égouts et de la défense contre l'incendie.

Depuis 1871, le service des eaux a coûté 172,078,000 francs, non compris les frais de personnel et certaines dépenses accessoires communes aux services des eaux et des égouts, qui se sont élevées à 20,445,000 francs.

Les charges annuelles ordinaires du service des eaux dépassent les produits d'un million environ.

État des sommes dépensées annuellement depuis 1871 pour le personnel des Eaux et égouts.

Année	
1871	539.916 07
1872	638.759 12
1873	659.539 22
1874	650.289 78
1875	630.606 41
1876	607.369 »
1877	611.230 98
1878	688.423 11
1879	869.396 87
1880	869.066 30
1881	897.103 02
1882	900.522 97
1883	934.916 67
1884	923.435 85
1885	952.865 03
1886	940.388 73
1887	979.815 87
1888	1.258.407 78
1889	1.308.683 91
1890	1.284.463 48
1891	1.320.347 25
Total	18.465.547 42

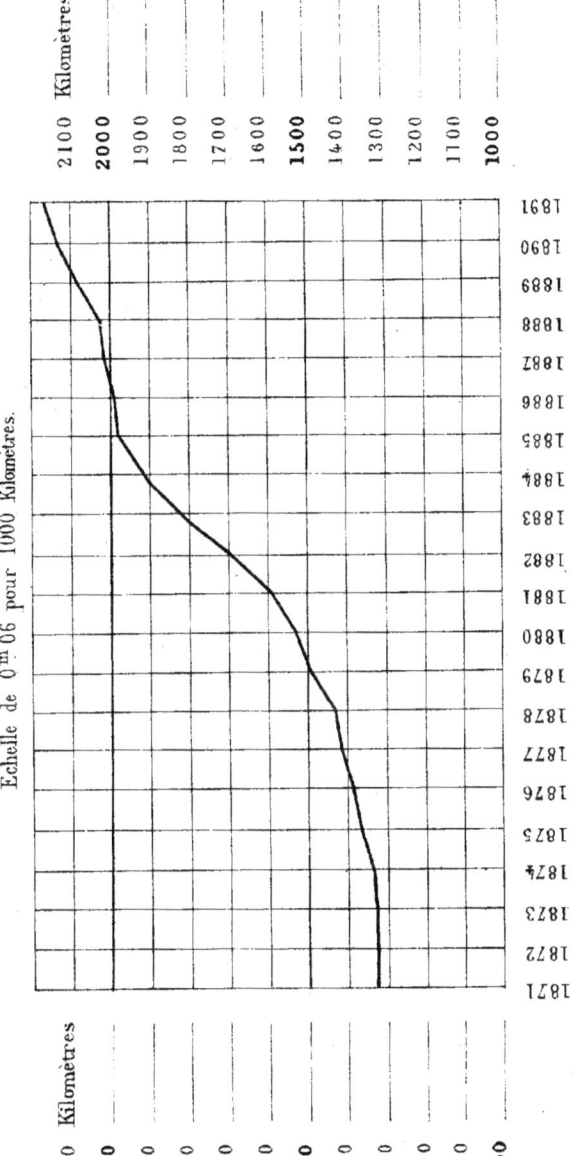

Eau distribuée par jour à Paris de 1871 à 1891

(Moyennes Mensuelles).

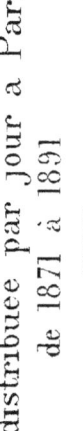

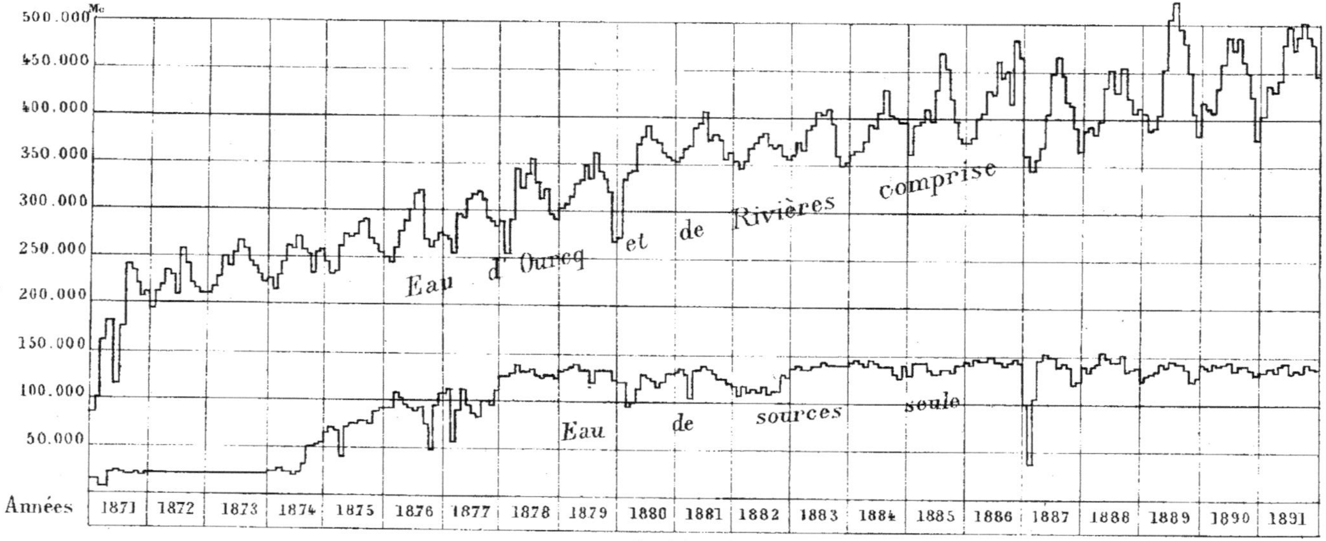

Gravé chez L. Wuhrer.

PLAN
des Usines et Réservoirs

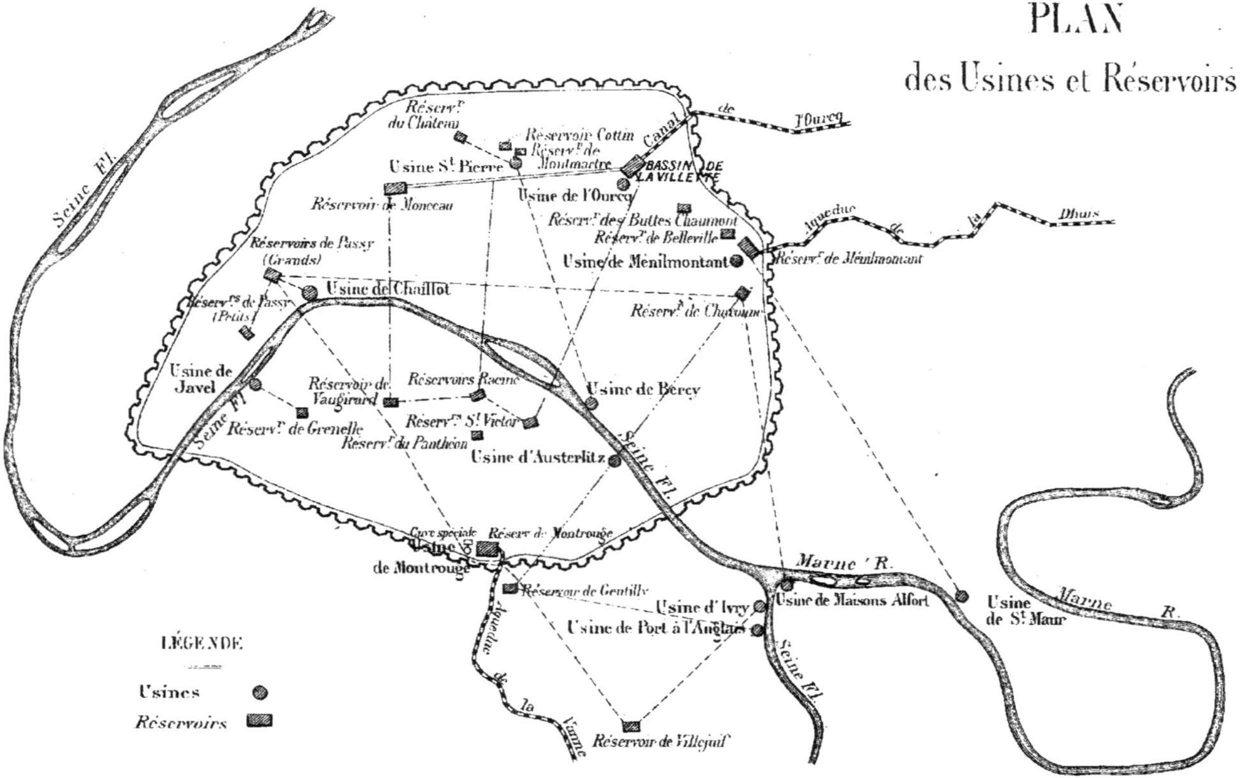

Gravé chez L. Wuhrer

Tableau des réservoirs.

DÉSIGNATION DES RÉSERVOIRS	CAPACITÉS	NIVEAU du TROP-PLEIN	MOYENS D'ALIMENTATION
Eau de source			
Montrouge — cuve	200	90 05	Eau relevée des bassins supérieurs et inférieurs.
Montrouge — supérieurs	82,451	80 »	Dérivation de la Vanne.
Montrouge — inférieurs	148,398	74 14	
Ménilmontant (supérieurs)	92,150	107 85	Dérivation de la Dhuis, relais de l'usine de l'Ourcq et drain de Saint-Maur.
Belleville (supérieurs)	6,080	134 40	Relais des bassins de Ménilmontant.
Passy (grands), Villejust	6,188	75 33	Dérivation des bassins de Montrouge.
Passy (petits)	1,430	74 10	
Cottin	240	89 98	Dérivation des bassins de Ménilmontant.
Montmartre — supérieurs	6,000	136 »	
Montmartre — moyens		132 »	Eau relevée par l'usine Saint-Pierre.
Château	150	135 65	
	343,287		
Eau de rivière			
Grenelle	6,332	49 95	Usine de Javel.
Villejuif	25,873	89 05	Usine d'Ivry.
Ménilmontant (inférieurs)	26,949	100 20	Usine de Saint-Maur et relais de l'Ourcq.
Charonne	5,630	80 73	Usines d'Austerlitz, de Saint-Maur et de Maisons-Alfort.
Belleville (inférieurs)	11,600	131 40	Relais des bassins de Ménilmontant.
Passy (grands) Bel-Air — supérieurs	5,720	75 33	Usine de Chaillot (facultativement eau de Villejuif.)
Passy (grands) Bel-Air — inférieurs	23,420	71 95	
Passy (petits)	889	74 10	Usine de Chaillot.
Panthéon	3,800	66 24	Sources d'Arcueil, usine de Chaillot (accidentellement eau du réservoir de Gentilly).
Gentilly	10,325	82 10	Usine d'Austerlitz (dérivation du bassin de Villejuif).
Cottin	460	89 98	
Saint-Pierre (bâches)	200	83 75	Usine de Bercy.
Montmartre (inférieurs)	5,000	127 30	Eau relevée de la bâche Saint-Pierre.
	126,198		
Eau d'Ourcq			
Bassin de La Villette	»	52 »	Canal de l'Ourcq.
Monceau	9,980	52 »	Id.
Vaugirard	8,935	48 29	Id.
Racine	3,840	46 81	Id.
Saint-Victor	6,993	48 40	Id.
Buttes-Chaumont	8,800	96 90	Relais de l'usine de l'Ourcq.
	38,550		
Capacité totale des réservoirs	508,035		

Tableau des usines élévatoires antérieures à 1871.

NOMS DES USINES	DATE de la CONSTRUCTION	NOMBRE DE GÉNÉRATEURS	NOMBRE DE MACHINES	POMPES NOMBRE	POMPES Débit, en litres par seconde	POMPES Ascension manoeuvre, maxima	CHEVAUX-VAPEUR EN EAU MONTÉE	MÈTRES CUBES D'EAU POUVANT être montés par 24 heures	RÉSERVOIRS CORRESPONDANTS
USINES A VAPEUR									
1º Eau de Seine									
Port-à-l'Anglais	1854	2	2	2	80	76,08	80	6,000	Gentilly.
Maisons-Alfort	1855	1	1	2	41	71,50	40	9,030	Charonne.
	1858	1	1	1	75		70		
Austerlitz	1863	4	2	4	230	72, »	220	20,000	Gentilly et Charonne.
Chaillot	1854	8	2	2	570	54,50	380	50,000	Grands bassins de Passy
2º Relais									
Ourcq	1867	2	1	2	62	48, »	40	5,000	Buttes-Chaumont ou Ménilmontant
USINES HYDRAULIQUES									
Eau de Marne									
	1865	CHUTE —	1	2	145	37,50	75		Lac de Gravelle.
Saint-Maur		4,50	1	2	80		85	54,000	Bassins de Ménilmontant.
			4	4	360	80, »	380		
	1869		1	2	80		85		
Trilbardou	1868	0,80	2	6	530	15, »	105	45,000	Canal de l'Ourcq.
Isles-les-Meldeuses	1868	1,90	2	4	420	12,50	70	35,000	Id.
Total des quantités d'eau pouvant être montées par 24 heures								224,000	

RÉCAPITULATION

Quantités d'eau pouvant être montées en 24 heures (renforts et relais compris) :

1º Par les usines existant en 1871...... 224,000 m. c.
2º Par les usines construites depuis 1871...... 519,500

Total des quantités d'eau pouvant être montées par 24 heures en 1891...... 743,500 m. c.

Tableau des usines élévatoires postérieures à 1871.

NOMS DES USINES	DATE de la CONSTRUCTION	NOMBRE DE GÉNÉRATEURS	NOMBRE DE MACHINES	POMPES NOMBRE	POMPES Débit, en litres, par seconde	POMPES ASCENSION manométr. maxima	CHEVAUX-VAPEUR EN EAU MONTÉE	MÈTRES CUBES D'EAU POUVANT être montés par 24 heures	RÉSERVOIRS CORRESPONDANTS
USINES A VAPEUR — 1° Eau de Seine									
Ivry	1883	12	6	12	1,026	70, »	960	85,000	Villejuif.
Bercy	1889	8	4	4	600	74, »	600	50,000	Bâche Saint-Pierre.
Javel	1888	3	2	2	240	28, »	90	20,000	Grenelle.
2° Eau de Marne									
Saint-Maur	1874	4	1	1	165	80, »	175	50,000	Bassins inférieurs de Ménilmontant
	1877	2	1	1	165		175		
	1885	2	1	1	260		275		
Trilbardou	1889	3	2	2	1.000	15, »	200	80,000	Canal de l'Ourcq.
3° Eau de Vanne									
La Forge	1882	2	2	2	450	28, »	120	38,500	Aqueduc de la Vanne.
	1885	1							
Maillot	1888	2	2	2	184	28, »	68	15,000	Id.
4° Relais									
Montmartre-Saint-Pierre	1889	4	3	3	180	55, »	120	15,000	Montmartre.
Ourcq	1880	3	2	2	300	55, »	206	31,000	Buttes-Chaumont ou Ménilmontant
	1885	»	1	2	75	48, »	48		
Ménilmontant	1880	2	1	1	40	40, »	20	24,000	Belleville.
	1888	1	2	4	240	40, »	120		
Montrouge	1889	1	1	2	50	15, »	10	13,000	Cuve spéciale.
	1891	3	2	2	100	15, »	20		
USINES HYDRAULIQUES — 1° Eau de Marne									
Saint-Maur	1888	CHUTE 4,50	1	2	70	80, »	75	6,000	Bassins de Ménilmontant.
2° Eau de Vanne									
Chigy	1875	1,47	1	2	150	15, »	30	9,000	Aqueduc de la Vanne.
La Forge	1875	2, »	1	2	65	21, »	18	20,000	Id.
			1	4	165	19, »	12		
Malay-le-Roi	1875	2,15	1	2	230	20, »	60	20,000	Id.
Maillot	1888	6, »	2	4	322	28, »	120	28,000	Id.
Flacy { Drains	1874	21, »	2	2	75	1,56	3	13,000	Id.
Flacy { Gaudin	1874	21, »	2	2	24	3,15	2	2,000	Id.
Total des quantités d'eau pouvant être montées par 24 heures								519,500	

EXTENSION DE L'APPROVISIONNEMENT.

L'examen des tableaux qui précèdent permet de constater que le service public peut être considéré comme suffisamment pourvu dans le présent. Mais il n'en est pas de même du service privé.

En effet, dès que les grandes chaleurs arrivent, la consommation d'eau de sources augmente rapidement; les réservoirs se vident, et l'on est obligé de substituer, dans plusieurs arrondissements, l'eau de rivières à l'eau de sources.

Cet état de choses ne peut que s'aggraver avec l'accroissement des abonnements et de la population; aussi l'Administration et le Conseil municipal s'en sont-ils émus depuis plusieurs années, et ont-ils étudié les moyens d'y remédier.

On s'est d'abord préoccupé de rechercher la quantité d'eau de sources supplémentaire qu'il faudrait amener pour parer aux besoins actuels et prochains.

L'expérience a démontré qu'une quantité maxima de 100 litres d'eau de source par personne et par jour était nécessaire, pour faire face à toutes les éventualités.

Si, donc, l'eau de sources était mise à la portée de tous les habitants de Paris, la consommation s'élèverait à 244,000 mètres cubes environ pour la population actuelle et, pour pourvoir à ces besoins, il faudrait, en y ajoutant ceux des établissements publics et les pertes de la canalisation, disposer dans les réservoirs de 284,000 mètres cubes par jour, c'est-à-dire de 154,000 mètres cubes en plus du volume qui est aujourd'hui assuré en été, mais il convient de tenir compte dans l'évaluation de la consommation de l'accroissement constant de la population.

Il a donc été admis en principe qu'un supplément de 240,000 mètres cubes d'eaux de sources devait être amené à Paris, afin de pouvoir satisfaire en tout temps et avec toute l'ampleur désirable aux nécessités actuelles ou prochaines.

Or, aucun des groupes des grandes sources du bassin de la Seine ne pourrait fournir, à lui seul, un volume d'eau aussi considérable.

A la suite d'études approfondies, on a été amené à prendre des deux côtés de Paris, à des distances à peu près égales, des groupes de sources capables de donner chacun 120,000 mètres cubes.

Le choix s'est arrêté à l'Est sur le groupe de la Voulzie, affluent de la Seine, près de Provins, donnant un volume de 70,000 mètres cubes, qui, avec l'addition des sources basses de la vallée du Loing, pourrait être porté à 120,000 mètres cubes.

A l'ouest, on a rencontré, près de Verneuil, au confluent de la Vigne et de l'Avre, affluents de l'Eure, de très belles sources qui pourront arriver à Paris par un aqueduc de 110 kilomètres, à l'altitude 95; leur débit est de 120,000 mètres cubes.

Une évaluation sommaire a fixé à 67,000,000 de francs le coût des deux opérations.

En attendant que la Ville puisse se procurer les ressources nécessaires pour exécuter cette double dérivation, l'Administration et le Conseil municipal se sont résolus à n'entreprendre tout d'abord que la branche de l'Ouest. Une somme de 35,000,000 de francs a été réservée à cet effet sur l'emprunt contracté par la Ville en 1886.

TRAVAUX DE DÉRIVATION DE L'AVRE ET DE LA VIGNE
CONSTRUCTION DU PONT AQUEDUC SUR LA SEINE — POSE DU TABLIER MÉTALLIQUE

Les sources qu'ils s'agit de capter se divisent en deux groupes :

Le premier groupe se compose de quatre sources émergeant sur un parcours d'environ 800 mètres et dont les eaux se réunissent pour former une petite rivière appelée la Vigne, qui se jette dans l'Avre.

Le second groupe ne comprend qu'une source située dans la vallée supérieure de l'Avre.

Le degré hydrotimétrique de l'eau est de 18°. L'analyse chimique y a fait découvrir seulement 7 milligrammes de matières organiques, ce qui est l'indice d'une pureté exceptionnelle.

Les sources jaugées depuis six ans ont présenté des débits variant de 100,000 à 130,000 mètres cubes par 24 heures.

Les travaux projetés comprennent 3 kilomètres d'aqueducs de prise d'eau et un aqueduc principal, qui partira du confluent de la Vigne et de l'Avre, traversera l'Eure au delà de Dreux, et gagnera Versailles à l'extrémité du parc. La dérivation y entrera en souterrain pour n'en sortir qu'au nord de Saint-Cloud ; elle aboutira ensuite au réservoir qui sera construit à Montretout. De là, elle pénétrera dans Paris par la porte d'Auteuil, après avoir traversé la Seine.

Sa longueur totale entre les points de départ et le réservoir sera de 102 kilomètres.

L'aqueduc collecteur partira de l'altitude 146 pour arriver au réservoir à la cote 106. C'est donc une pente totale de 40 mètres pour 102 kilomètres, soit 0^m40 par kilomètre en moyenne.

Sur $8^k,2$, la conduite sera formée de siphons, et la perte de hauteur y sera de 1^m20 par kilomètre ; sur le reste du parcours, la conduite libre aura 0^m30 ou 0^m40 de pente, suivant que son diamètre sera de 1^m80 ou 1^m70.

Le réservoir aura une capacité de 400,000 mètres cubes pour parer aux oscillations de la consommation au moment des grandes chaleurs.

Les dépenses d'établissement sont estimées, savoir :

Pour construction de l'aqueduc et travaux de captation........	16.392.000 »
Pour terrains nécessaires à l'emprise.....................	1.530.000 »
Pour réservoir et double conduite en fonte du réservoir à Paris.	7.500.000 »
Enfin, pour frais de surveillance, frais de personnel, indemnités aux usines de l'Avre pour privation de force motrice, aux propriétaires de prés pour atteinte aux irrigations..................	9.578.000 »
Ensemble..........	35.000.000 »

Les travaux actuellement en cours d'exécution sont poussés avec une grande vigueur, et tout fait espérer que les eaux de l'Avre et de la Vigne pourront être livrées à la consommation au plus tard en 1894, peut-être même en 1893.

La somme dépensée au 31 décembre 1891 pour ces nouvelles dérivations s'élevait à 9,444,000 francs.

ABONNEMENT OBLIGATOIRE.

Malgré les facilités données pour introduire l'eau dans les maisons, la moitié des immeubles de Paris reste encore privée d'abonnements aux eaux de la Ville. On ne peut voir, dans cette résistance au progrès, que l'intérêt mal compris de propriétaires qui reculent devant des dépenses d'installation, et surtout devant le prix que leur coûte l'eau à enlever dans les fosses d'aisance.

Cependant : « Deux conditions sont nécessaires pour l'assainissement d'une ville : « elle doit recevoir en quantité suffisante une eau potable et elle doit écouler sans « stagnation possible et rejeter au loin, avant toute fermentation, les matières impures « et les eaux usées de la vie et de l'industrie. » (M. le professeur Proust. — Rapport au Comité consultatif d'hygiène publique de France.)

C'est là tout le programme de la municipalité de Paris. On trouvera plus loin les efforts tentés et les résultats obtenus ou en voie de réalisation en ce qui concerne la seconde partie.

En présence donc de la volonté bien arrêtée de certains propriétaires, qui se refusent à pourvoir leurs locataires d'eau de source, il a paru indispensable de les y contraindre. Aussi le 27 janvier 1892 le Conseil municipal, par une délibération ayant pour but de prescrire les mesures nécessaires à l'assainissement de Paris, a-t-il adopté un projet de loi qui sera soumis au Parlement et dans lequel l'abonnement obligatoire aux eaux de source est imposé.

Voici la teneur des titres afférents à cette obligation :

TITRE II. — *Abonnement obligatoire aux eaux de la Ville.*

ART. 5. — Tout propriétaire est tenu d'avoir soit dans chaque appartement, soit au moins à chaque étage, un robinet d'eau de source à la disposition constante des personnes qui habitent son immeuble ou qui y séjournent habituellement pendant tout ou partie de la journée.

ART. 6. — L'eau sera livrée aux propriétaires par la ville de Paris aux prix et conditions fixés par des règlements délibérés par le Conseil municipal et approuvés par décret du président de la République rendu en Conseil d'État.

ART. 7. — La présente loi devra être appliquée entièrement dans un délai de trois ans le long des voies classées dans lesquelles il existera une canalisation d'eau de source au moment de sa promulgation et, dans les autres voies, dans un délai d'un an après la pose de ladite canalisation.

A cet effet, la ville de Paris aura le droit d'établir à ses frais, dans toutes les voies publiques non classées, une conduite d'eau de source. L'entretien et la responsabilité de cette conduite resteront, après son achèvement, à la charge des propriétaires. Les dépenses qui en résulteront seront, à défaut de conventions contraires, réparties entre eux au prorata de la longueur des façades de leurs immeubles sur ladite voie.

TITRE III. — *Sanction.*

ART. 8. — Dans le cas où, après une mise en demeure de l'autorité administrative, le propriétaire d'une maison habitée ne se serait pas conformé aux prescriptions de la présente loi et des règlements rendus en vertu de ladite loi, il sera passible d'une amende de 16 francs à 100 francs.

Après chaque mise en demeure nouvelle, faite à trois mois de délai, il encourra la même peine en cas d'inexécution et si la maison a continué d'être habitée, sans préjudice, en cas de récidive, de l'application de l'art. 474 du code pénal.

TITRE IV. — *Travaux*.

ART. 9. — Pour l'exécution des travaux nécessités par l'application de la présente loi, la ville de Paris pourra, après délibération du Conseil municipal, faire les avances nécessaires aux propriétaires.

Le devis des travaux sera visé par l'Administration municipale.

Ces avances seront remboursables en dix annuités, avec les intérêts à 5 0/0, et de la même manière que les contributions directes.

Le tarif de 0 fr. 33 c. par mètre cube sera maintenu ; mais, comme il convient de se prémunir contre les consommations exagérées d'eau de source, fréquentes dans les maisons de grand rapport, dont les appartements sont pourvus de water-closets et de cabinets de toilette, où l'eau coule sans ménagement, il y aurait, à partir de 50 litres consommés par tête d'habitant, un tarif supérieur, à 0 fr. 40 c. le mètre cube et un troisième tarif pour 100 litres et au-dessus à 0 fr. 66 c. le mètre cube.

CONCLUSION.

Ainsi l'Administration républicaine ne s'est pas contentée de terminer l'œuvre de Belgrand en y apportant toutes les améliorations que l'expérience et les progrès de la science ont permis d'y introduire. Elle a doté Paris des quantités d'eau de rivière nécessaires aux usages industriels et pourvu pour longtemps aux besoins de la population en eau de source. Enfin si, comme il y a lieu de l'espérer, les pouvoirs publics lui prêtent leur appui, elle aura, par l'abonnement obligatoire, défendu la santé des pauvres et des déshérités contre le mauvais vouloir de certains propriétaires.

ÉGOUTS

Dans une ville, quelle que soit son étendue, une des conditions essentielles de la salubrité est l'évacuation rapide des débris de toutes sortes, des ordures ménagères et des matières fécales. Le problème ardu, partout où une mer soumise à de fortes marées n'est pas à proximité, présentait pour Paris des difficultés particulières en raison de sa nombreuse population et des précautions qu'il fallait prendre pour creuser des galeries dans les anciens quartiers, aux rues étroites bordées de vieilles constructions.

C'est Belgrand qui, comme pour les eaux, dressa en 1854 le plan d'un réseau d'égouts et de collecteurs débouchant dans la Seine en aval. Ce plan, dont l'exécution commencée en 1860 avait été interrompue en 1870, a été repris en 1881 avec d'importantes améliorations.

La part qui revient à l'administration républicaine dans l'assainissement de Paris se divise en deux parties. D'abord elle a terminé le réseau de Belgrand en y ajoutant les galeries dont la construction a été reconnue nécessaire par suite de besoins nouveaux; puis elle a entrepris l'exécution des travaux d'assainissement relatifs à l'emploi des eaux d'égout et à l'écoulement des vidanges.

GALERIES.

En 1871 la longueur totale des galeries, branchements particuliers, regards, etc., était de 660 kilomètres environ, sur lesquels les égouts publics présentaient une étendue de 475 kilomètres. Au 1er janvier 1892 les galeries de toute sorte atteignent 1,292,649 mètres et les égouts publics seuls 902,046 mètres; ils ont donc presque doublé.

La somme consacrée aux égouts pendant cette période (constructions et grosses réparations) s'est élevée à 49,932,000 francs, non compris certaines dépenses accessoires et les frais de personnel communs avec le service des Eaux. (Voir : *Eaux*.)

Le réseau des égouts de Paris est composé de trois collecteurs généraux et d'un ensemble de collecteurs secondaires, qui y ramènent toutes les eaux provenant des galeries affluentes.

Le premier collecteur général, établi sur la rive droite, dit *collecteur d'Asnières*, suit la ligne des quais depuis le bassin de l'Arsenal jusqu'à la place de la Concorde qu'il traverse, longe la rue Royale et le boulevard Malesherbes, passe en souterrain sous le contrefort de Monceau, suit la route d'Asnières et débouche dans la Seine, à Clichy, en aval du pont d'Asnières, où il se déverse, au moment des crues, à 2 m. 40 c. au-dessous du niveau des eaux dans Paris. Ce collecteur réunit les eaux d'une surface de 2,627 hectares ; sa longueur est de 9,000 mètres environ.

Il a été calculé de façon à pouvoir débiter, par la cunette, un volume de 4 mètres cubes à la seconde. A cet effet, la cunette a reçu 3 m. 50 c. de largeur sur 1 m. 35 de profondeur. Quant à la voûte de l'égout, elle est formée d'une demi-ellipse dont le grand axe, situé à 1 m. 05 c. au-dessus des banquettes, a 5 m. 60 c. et le petit axe 2 mètres. Les banquettes ont 0 m. 90 c. de largeur.

Le second collecteur établi sur la rive gauche, appelé *collecteur Marceau*, part du boulevard Saint-Marcel, suit la rue Geoffroy-Saint-Hilaire, où il reçoit les eaux de la Bièvre, la rue de Jussieu, la rue des Écoles, la rue Monge, les boulevards Saint-Germain et Saint-Michel, la ligne des quais, passe en siphon sous la Seine et en souterrain sous l'avenue Marceau, la place de l'Étoile, l'avenue de Wagram, la rue de Courcelles, la place Pereire et, après sa sortie de Paris, sous les rues de Levallois-Perret, et se décharge dans le collecteur de la rive droite, un peu au-dessus de son embouchure. Il recueille les eaux d'une surface de 2,304 hectares sur la rive gauche et de 805 hectares sur la rive droite, en tout 3,109 hectares. Sa longueur est d'environ 10,300 mètres. Il a 4 mètres de largeur aux naissances de la voûte qui est en plein cintre, et 2 m. 90 c. de hauteur entre les banquettes et la clef. La cunette a 2 m. 20 c. de largeur ; les banquettes, 0 m. 80 c. La profondeur de la cunette, de 0 m. 80 c. seulement sur la rive gauche, a été portée à 1 m. 50 c. sur la rive droite.

Enfin, le collecteur du Nord a pour but de donner un écoulement direct aux eaux des coteaux de la rive droite, qui descendaient avec une vitesse torrentielle et inondaient une partie des IXe, X^e et XIe arrondissements. Ce collecteur part du cimetière du Père-Lachaise, suit les boulevards extérieurs en contournant les coteaux des Buttes-Chaumont, parcourt ensuite la rue d'Allemagne, traverse le canal et une partie de la Villette et de la Chapelle, sort par la porte de la Chapelle et se dirige, hors Paris, vers Saint-Denis, où il débouche dans la Seine. Mais aujourd'hui les eaux qu'il amène lui sont enlevées presque complètement par une galerie de dérivation qui les conduit à Gennevilliers. Ce troisième collecteur recueille les eaux des quartiers hauts de la rive droite sur une surface de 1,298 hectares. Sa longueur totale est de 7,150 mètres dans Paris et de 4,932 mètres à l'extérieur de Paris, en tout 12,082 mètres. Il est formé d'une voûte en plein cintre de 3 mètres de diamètre, établie à 1 m. 50 c. au-dessus des banquettes. La cunette a 1 m. 20 c. de largeur et 0 m. 80 c. de profondeur et les banquettes ont respectivement 0 m. 50 c. et 0 m. 70 c. de largeur.

Le siphon de l'Alma se compose de deux tubes en tôle de 1 mètre de diamètre intérieur. La tôle a 20 millimètres d'épaisseur ; les feuilles ont été juxtaposées à joints serrés et l'assemblage a été fait avec des couvre-joints extérieurs ; les trous de rivets sont fraisés en dedans, de telle sorte que la surface intérieure est parfaitement lisse. Assemblés sur les berges de la Seine, les deux tubes ont été échoués sur un lit de béton de 0 m. 40 c. d'épaisseur, puis recouverts d'une autre couche de béton de 0 m. 70 c.

Ces collecteurs sont alimentés par 17 collecteurs secondaires, qui reçoivent eux-mêmes les eaux de galeries d'ordre inférieur desservant seulement les quartiers qu'elles traversent.

Le tableau suivant indique les dimensions principales des différents types employés.

NUMÉRO DU TYPE	HAUTEUR DES PIEDS DROITS	DIAMÈTRE DE LA VOUTE	SECTION DE L'ÉGOUT
	m. c.	m. c.	m. c.
1	1 »	5 60	17 76
2	1 05	5 20	17 24
3	0 90	4 »	11 68
Id. surbaissé	0 60	4 »	9 22
4	1 05	3 70	9 89
5	1 50	3 »	8 42
6	1 50	2 50	7 04
7	1 45	2 50	6 29
8	1 25	2 30	4 84
9	1 35	2 »	4 05
10	1 15	1 75	3 »
10 bis	1 195	1 75	3 12
10 ter	1 225	1 75	3 08
11	1 40	1 50	2 38
11 bis	1 375	1 50	2 66
12	1 65	1 30	2 15
12 bis	1 35	1 40	2 46
13	1 45	1 30	1 96
14	1 55	0 90	1 63
15	1 25	1 »	1 66

Les types n°ˢ 1, 2, 3 sont employés pour les collecteurs généraux ; les types 4 à 9 servent pour les collecteurs secondaires, et les types suivants pour les égouts d'ordre inférieur.

Il y a, toutefois, des exceptions à cette classification : en effet, la section de chaque galerie n'est pas déterminée uniquement par le rôle qu'elle doit jouer dans l'assainissement, mais aussi par le diamètre des conduites d'eau qu'elle est appelée à recevoir. C'est que, à Paris, les égouts ne fonctionnent pas seulement comme des conduits souterrains destinés à porter hors de la ville les eaux souillées de toute provenance, eaux ménagères, eaux de lavage des chaussées, eaux de pluie et même les eaux vannes, mais qu'ils constituent, en outre, des galeries formant enveloppe pour la canalisation d'eau pure qui alimente la ville.

En outre, à côté des conduites d'eau sont venues se loger, dans ces derniers temps, toutes les artères de la correspondance télégraphique ou téléphonique, les tubes du service pneumatique par l'intermédiaire desquels se fait le transport des dépêches écrites, puis les conduites d'air comprimé qui transmettent le mouvement aux aiguilles des horloges pneumatiques, et celles qui vont distribuer à domicile la force motrice par le moyen de l'air comprimé ou raréfié.

Les avantages que présentent les égouts, pour ces canalisations spéciales, ne sont pas moins appréciables que ceux qu'ils offrent pour les conduites d'eau. Ils évitent, d'une part, les lignes aériennes pour les transmissions électriques, et, avec elles, les dangers en cas d'orage, les ruptures de fils, les inconvénients dus aux vibrations. D'autre part, ils diminuent le nombre des tranchées à ouvrir sous la voie publique au grand profit de la circulation générale.

CURAGE.

Le curage des collecteurs s'opère au moyen de vannes mobiles montées soit sur des wagons, soit sur des bateaux.

Les collecteurs dont la cunette a 3^m50 et 2^m20 de largeur portent bateaux ; ceux dont la cunette a 1^m20 et 0^m80 sont munis de rails sur lesquels circulent les wagons ou trucs roulants. Les vannes, placées à l'avant du bateau ou sur le wagon, sont descendues dans le courant jusqu'à une faible distance du radier. La retenue d'eau qui se forme derrière la vanne produit en avant des chasses énergiques. Les sables soulevés s'amoncellent en une sorte de dune mouvante qui progresse avec le bateau ou le wagon mis en mouvement lui-même par le courant de l'eau. Dans le collecteur d'Asnières, la dune de sable que le bateau-vanne chasse devant lui atteint jusqu'à 200 mètres ; dans les collecteurs à wagon, le volume atteint 50 mètres, il descend à 10 mètres dans les égouts à cunette de 0^m80 de largeur, où fonctionne le wagonnet-vanne.

Afin de diminuer le parcours des sables et la dépense qui en résulte, on a installé en divers points, où l'extraction en est possible, des bassins à sable formés de deux galeries parallèles accolées, dont le fond est à 1 mètre en contre-bas du radier du collecteur. L'eau passe alternativement dans l'une des deux galeries tandis que l'autre fonctionne comme bassin d'extraction.

L'obstruction du siphon, que l'on avait crainte tout d'abord, n'est plus à redouter, avec l'ingénieux procédé de curage imaginé par Belgrand, qui consiste à faire circuler périodiquement, d'une rive à l'autre, dans chacune des deux conduites, une boule en bois d'un diamètre de 0^m85, inférieure de 0^m15 au diamètre du tube. La boule suit le courant, en se maintenant, à cause de son faible poids spécifique, en contact avec la génératrice supérieure du tube et, comme la vanne dans l'égout, livre passage à l'eau en pression, par le croissant libre au-dessous d'elle. Il en résulte que le sable chassé devant elle se met en mouvement et remonte dans le collecteur Marceau sur la rive droite. Cette opération n'a lieu que deux fois par semaine ; la boule met à peine deux ou trois minutes pour traverser le siphon.

Les égouts du réseau qui ne font pas partie des collecteurs sont curés par les ouvriers au moyen de chasses produites à l'aide de petites vannes. Lorsque l'eau dont l'égout est pourvu atteint 60 litres par seconde, on emploie les engins appelés « mitrailleuses » ou « brouettes-mitrailleuses ».

Il convient de remarquer que le cube des sables qui se déposent en égout a considérablement diminué depuis l'introduction du pavage en bois, qui a remplacé les empierrements dans les voies publiques de grande fréquentation. D'autre part, on a, depuis quelques années, pourvu certaines bouches d'égout de paniers en tôle percés de trous, destinés à laisser passer l'eau, et à retenir, soit les sables des chaussées macadamisées, soit les fumiers et détritus végétaux, aux abords des Halles centrales et des grands marchés.

Jusqu'en 1882, c'était l'eau d'égout qui constituait exclusivement l'approvisionnement des égoutiers. A cette époque, on a commencé à substituer l'eau propre de la distribution à l'eau sale des égouts, et cela en établissant dans les égouts des réservoirs de 8 à 10 mètres cubes de capacité, alimentés d'une manière continue par une prise d'eau faite sur la conduite publique.

Il n'est plus construit maintenant d'égout neuf qui ne soit pourvu de réservoirs de chasse, et l'on en place successivement sur les anciens égouts ; on les dispose, soit au point de départ d'un égout, à son point haut, soit au sommet d'un égout à deux versants, soit enfin au croisement de deux galeries, de façon à pouvoir utiliser la chasse sur deux directions.

L'alimentation de ces réservoirs se fait par écoulement continu, réglé de manière à obtenir, suivant les besoins du curage, une, deux ou trois chasses par jour. Le siphon de chasse automatique est placé à mi-hauteur, de sorte qu'il livre passage seulement à la tranchée d'eau supérieure, d'un volume de 5 à 6 mètres cubes, et l'égoutier a toujours à sa disposition la tranche inférieure, dans laquelle il peut, en soulevant une vannette à main, puiser l'eau qui lui est nécessaire pour faire le curage de l'égout.

Le curage et l'entretien des égouts a coûté, depuis 1871 jusqu'en 1891, 41,855,000 francs.

État des sommes dépensées annuellement depuis 1871 pour entretien et curage des égouts, des urinoirs et de la Bièvre.

Années	Montant
1871	1.347.370 84
1872	1.450.038 62
1873	1.468.368 88
1874	1.558.776 65
1875	1.609.987 11
1876	1.405.244 70
1877	1.461.451 30
1878	1.486.046 56
1879	1.523.351 16
1880	1.649.853 25
1881	2.367.091 96
1882	2.442.511 47
1883	2.579.947 05
1884	2.637.363 65
1885	2.680.924 53
1886	2.467.699 52
1887	2.319.294 96
1888	2.336.155 81
1889	2.413.795 01
1890	2.259.900 11
1891	2.380.427 19
Total	41.854.600 33

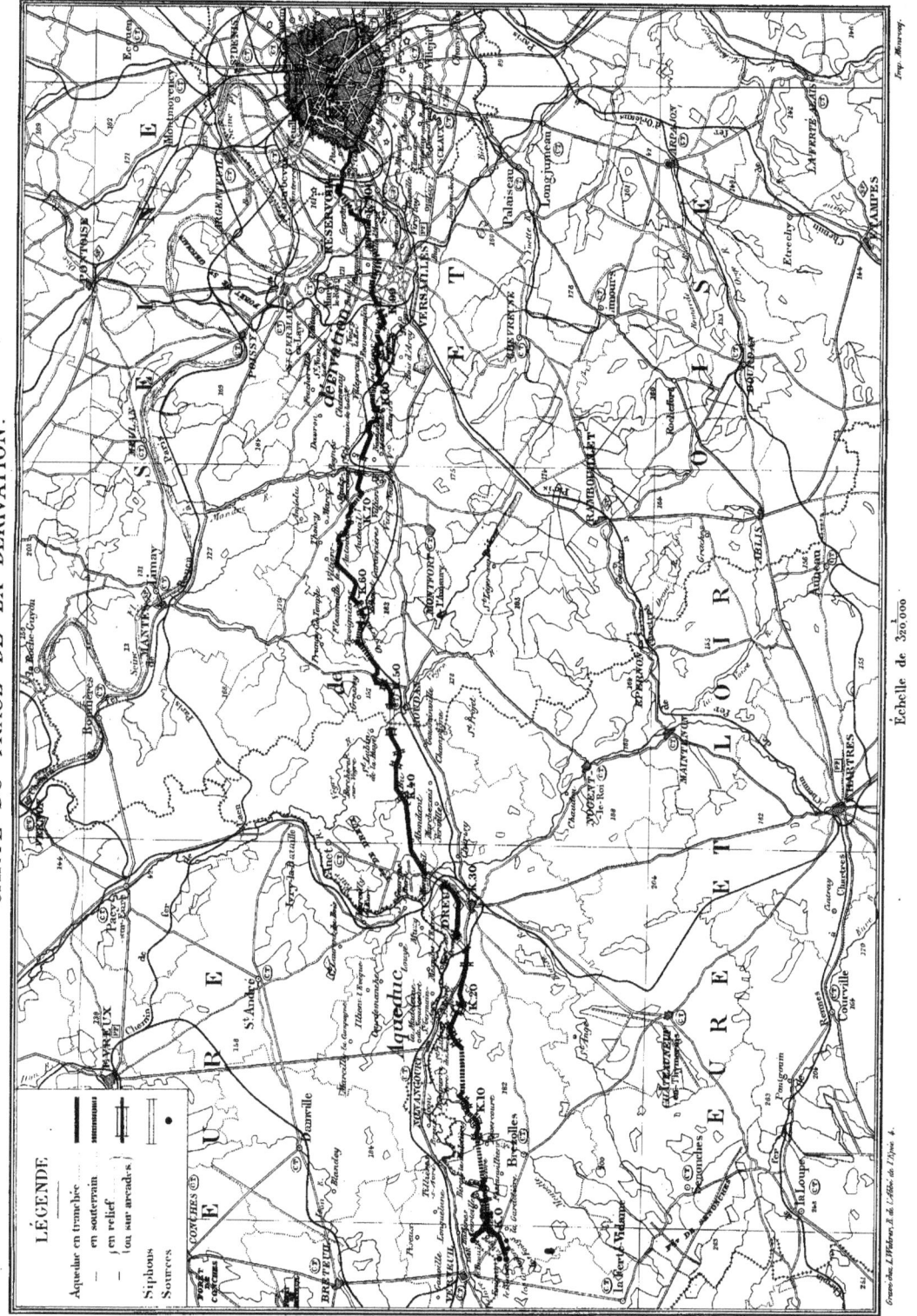

AQUEDUC DE 1ᴍ 70 DE DIAMÈTRE.

En tranchée.

Type normal.

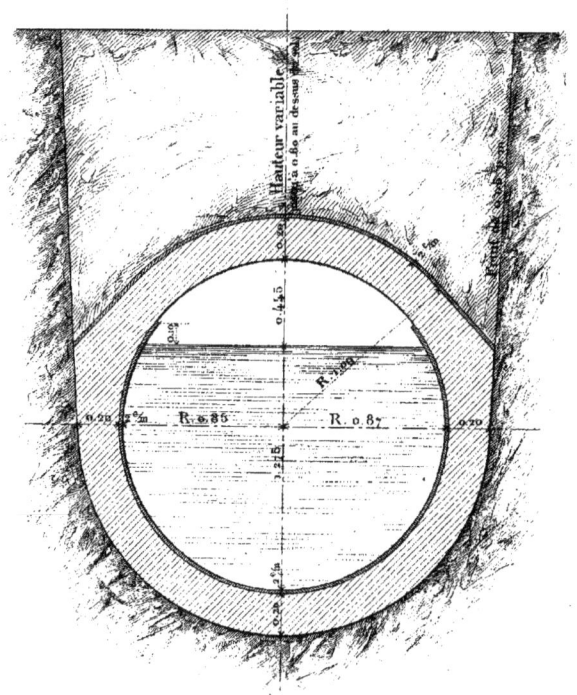

Type d'aqueduc sur arcades

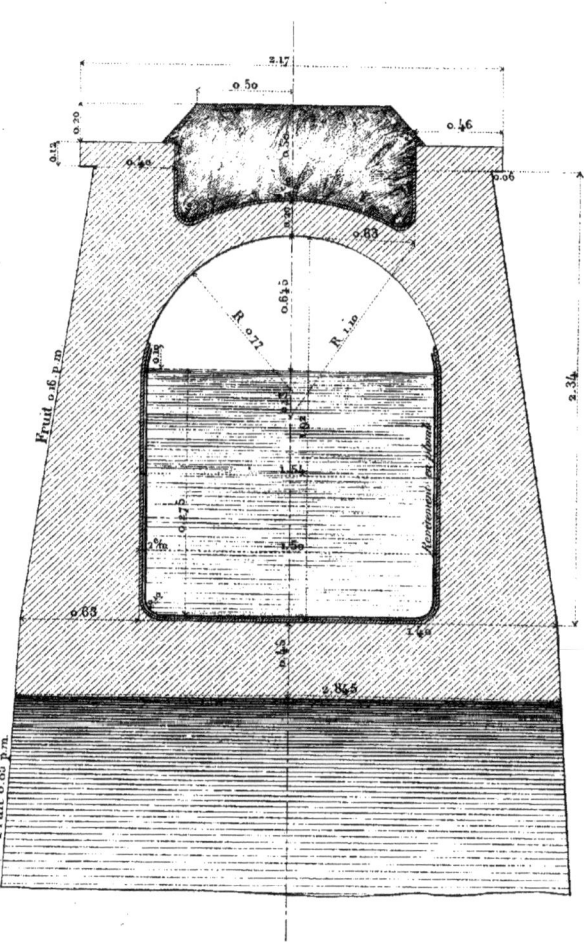

Gravé chez L. Wuhrer

AQUEDUC DE 1.M 70 DE DIAMETRE.

En souterrain.

Type normal.

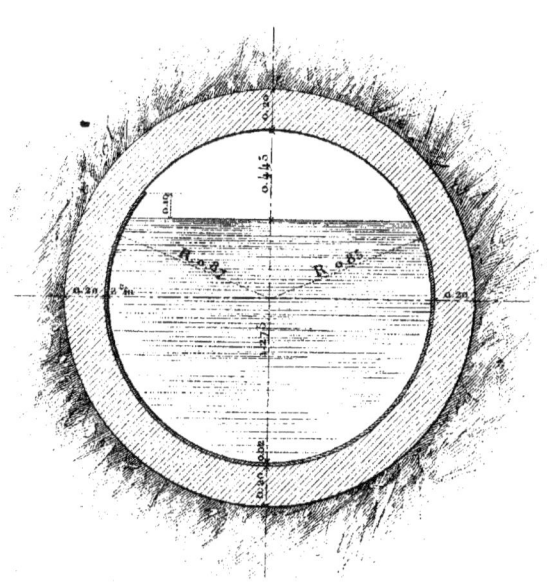

AQUEDUC DE 1.ᵐ 70 DE DIAMÈTRE.

En relief couvert.

Fondé sur le sol naturel lorsque le dessus de l'aqueduc est de 0ᵐ.60 à 1ᵐ.50 au-dessus du sol. | Fondé sur arcades ou sans arcades lorsque le dessus de l'aqueduc est de 1ᵐ.50 à 3ᵐ.50 au-dessus du sol.

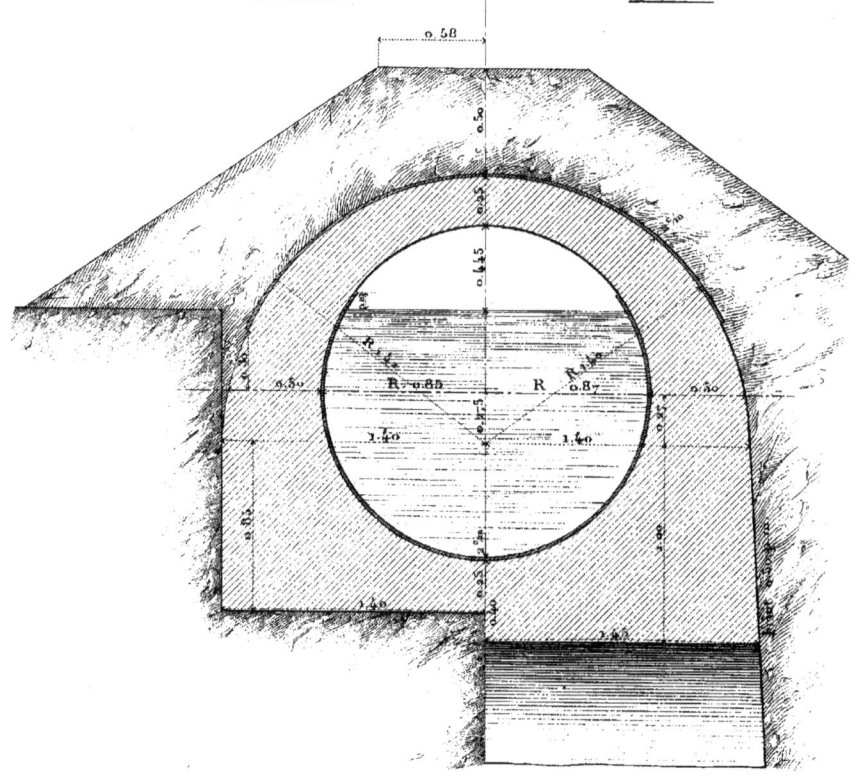

Coupe de la conduite d'amenée en galerie

Partie comprise entre la Route de Versailles et le Chemin de fer des Moulineaux

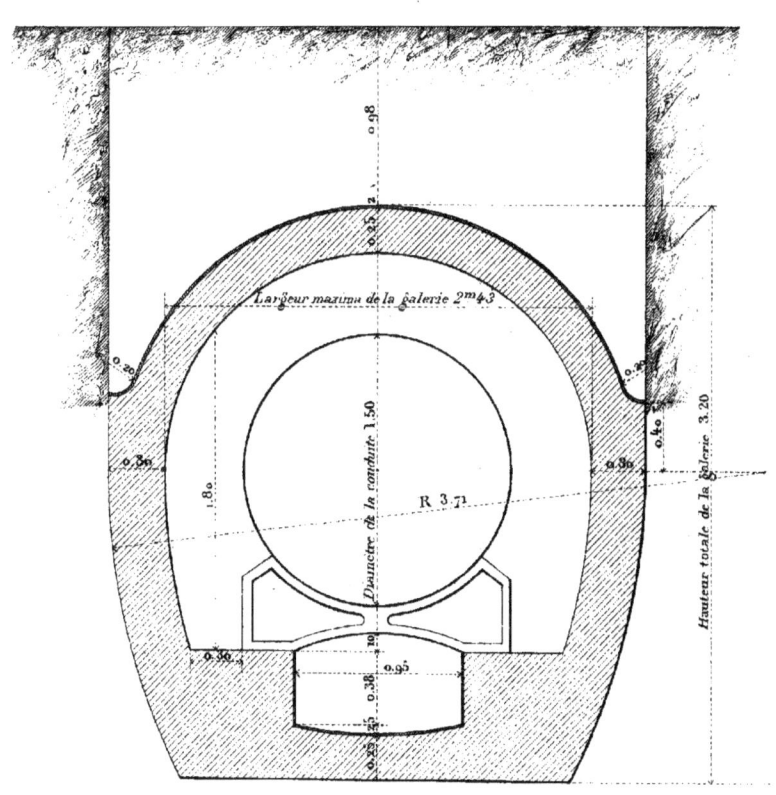

Coupe de la conduite d'amenée sur arcades
Partie comprise entre la Ligne des Moulineaux et la Route N.^{le} N.º 187

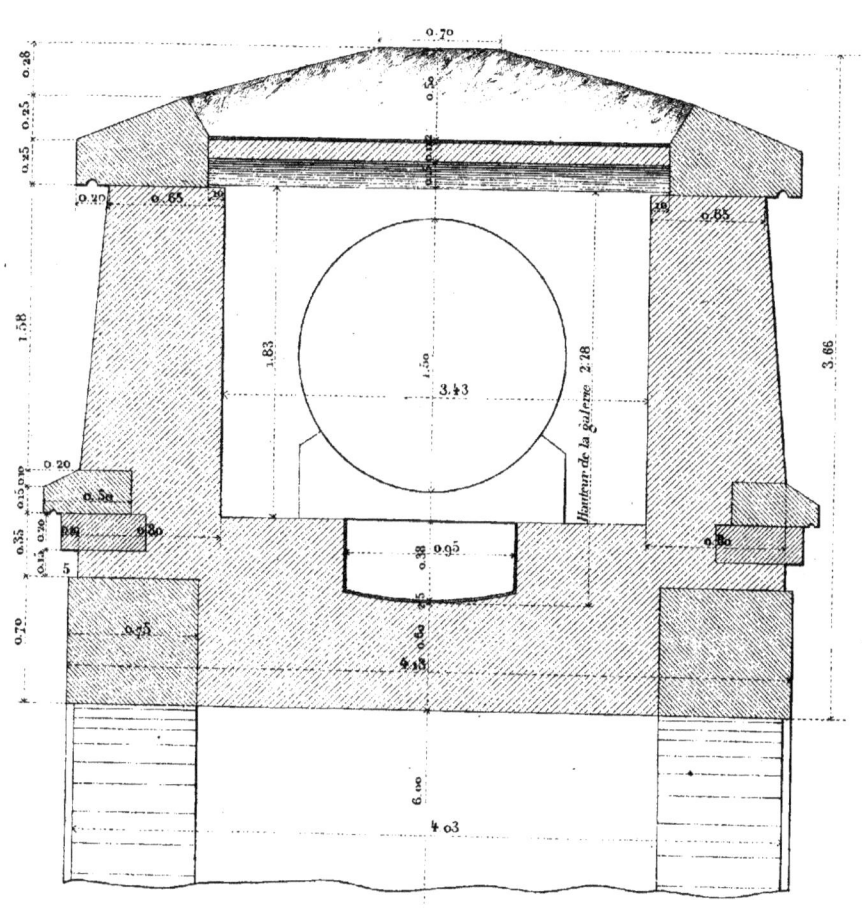

Gravé chez L. Wutrer.

Coupe de la conduite d'amenée sur le tablier métallique

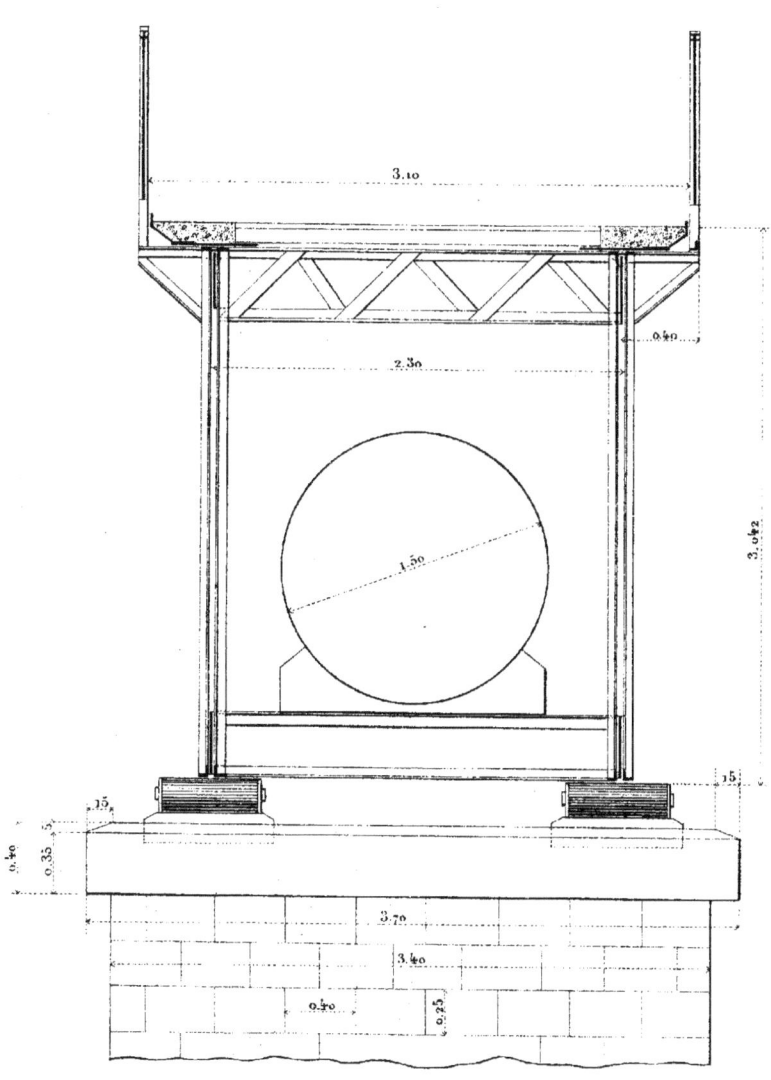

Gravé chez L. Wuhrer

Coupe de la conduite d'amenée en galerie

Partie comprise entre la passerelle sur la Seine et la Porte d'Auteuil

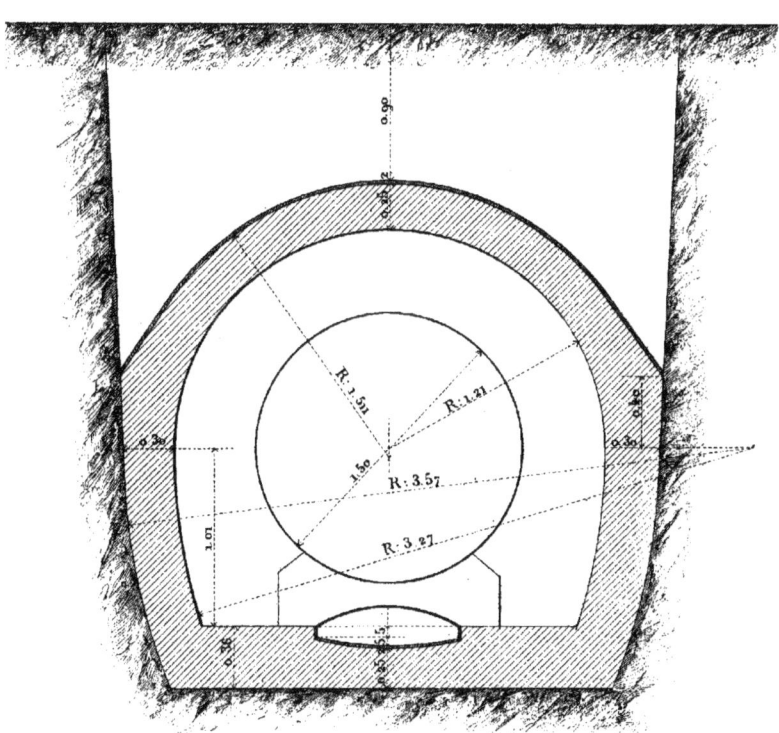

TRAVAUX DE DÉRIVATION DE L'AVRE ET DE LA VIGNE EN 1891
CONSTRUCTION DU RÉSERVOIR DE SAINT-CLOUD

TRAVAUX DE DÉRIVATION DE L'AVRE ET DE LA VIGNE
ARRIVÉE A LA SEINE

TRAVAUX DE DÉRIVATION DE L'AVRE ET DE LA VIGNE — TRAVERSÉE DE LA SEINE
CONSTRUCTION D'UNE PILE DU PONT AQUEDUC

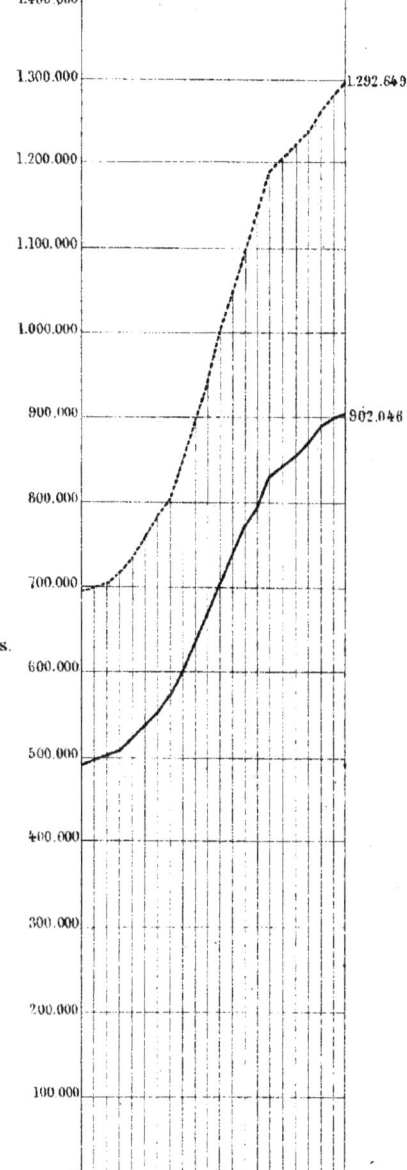

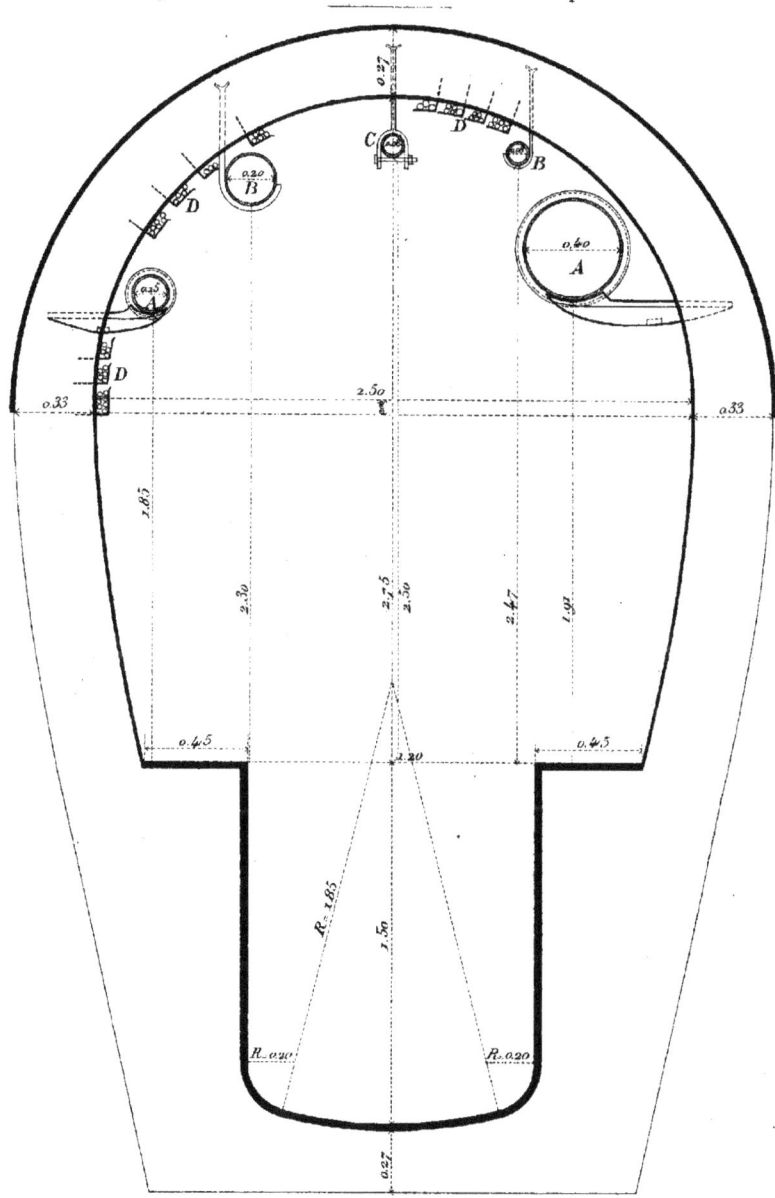

Coupe du Collecteur du Centre
prise à la traversée de l'Avenue de l'Opéra.

A — *Conduites d'eau* B — *Conduites d'air comprimé (Popp)*
C — *Tube pneumatique* D — *Fils téléphoniques et télégraphiques.*

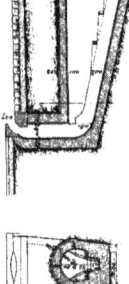
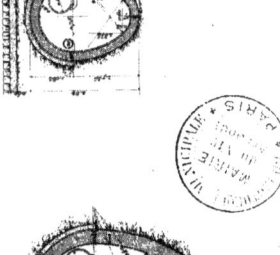
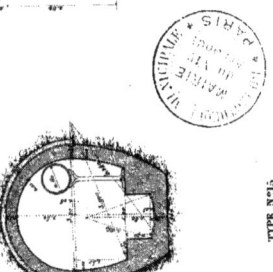
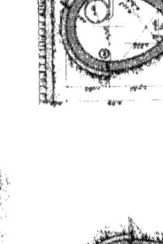
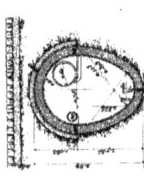

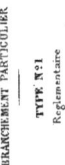
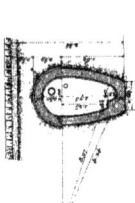
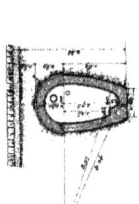
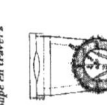
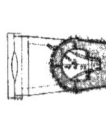

Réservoirs de Chasse.

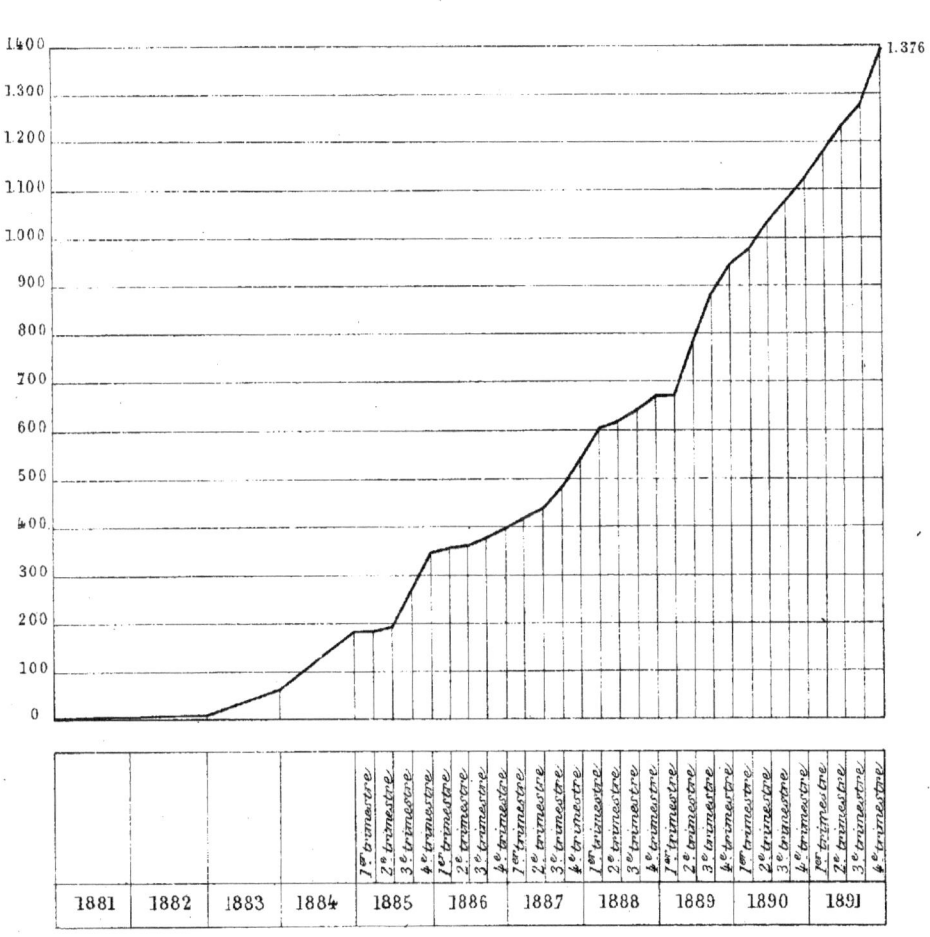

UTILISATION DES EAUX D'ÉGOUT.

En 1869 et 1870 quelques essais avaient été tentés dans la plaine de Gennevilliers, afin d'y utiliser les eaux d'égout pour l'irrigation des terrains en culture. Ces essais avaient été entrepris dans le but de chercher le moyen de débarrasser la Seine des impuretés que les collecteurs y déversent et qui la contaminent gravement, à partir de Clichy jusqu'aux environs de Mantes. Repris en 1870 sur une plus grande échelle, ils ont parfaitement réussi et actuellement la surface irriguée atteint près de 800 hectares. La salubrité de la plaine n'a pas été altérée et sa prospérité a augmenté dans une proportion telle que la population s'est accrue en dix ans de 86 %.

La consommation, qui n'était que de 5 millions de mètres cubes en 1875, approche aujourd'hui de 30 millions. L'expérience est donc concluante.

Les eaux sont amenées directement dans la plaine de Gennevilliers au moyen d'un égout greffé sur le collecteur du Nord, à la porte de la Chapelle. Un aqueduc qui s'embranche sur le collecteur d'Asnières, une galerie établie sur le bord de la Seine et le collecteur Marceau aboutissent à l'usine élévatoire de Clichy, qui dispose de 1,100 chevaux-vapeur fournis par trois groupes de machines et de pompes. Le premier groupe a été établi en 1873.

L'eau est refoulée vers les terrains par trois conduites de 1^m25, 1^m10 et 1 mètre de diamètre, et par un réseau de conduites dont les diamètres varient de 1 mètre à 0^m45^c.

Le système de drainage, destiné à faciliter l'abaissement de la nappe souterraine, se compose :

1º De conduites pleines, en béton, de 0^m45 de diamètre, formant collecteurs, destinées à traverser le bourrelet imperméable qui borde la Seine et délimite la presqu'île de Gennevilliers ;

2º De drains qui amènent l'eau à ces collecteurs et qui sont en tuyaux du même diamètre, mais perforés.

L'ensemble des conduites et des drains atteint une longueur de 8 kilomètres.

La valeur locative des terrains, qui était anciennement de 90 à 150 francs l'hectare, est aujourd'hui de 450 à 500 francs l'hectare, dans tout le périmètre irrigué. Quant à la valeur du fonds, elle est de 10,000 à 12,000 francs l'hectare ; elle a même atteint, dans quelques ventes, 20 à 22,000 francs l'hectare.

Les rendements des diverses cultures sont des plus élevés (20 à 40,000 têtes de choux à l'hectare, 60,000 têtes d'artichauts, 100,000 kilos de betteraves à bestiaux, etc.).

Le produit brut obtenu à l'hectare par les cultivateurs varie entre 3,000 francs et 10,000 francs, et au delà, pour certaines cultures. Les légumes continuent à former la plus grande partie de la production, et sont avantageusement vendus tant aux Halles qu'aux marchés des environs. Les pépinières se sont développées et ont valu à leurs propriétaires de nombreuses récompenses aux expositions d'horticulture.

Des essais d'irrigation à haute dose ont également donné d'excellents résultats.

La nappe souterraine, par suite de la bonne répartition des eaux, de la création des drains établis en 1878, 1879 et 1883 et des conditions météorologiques normales, reste à un niveau peu élevé. La pureté des eaux de cette nappe, frappante au seul coup d'œil à la sortie des drains, a été vérifiée par de nombreuses analyses. Les quantités d'azote organique ou ammoniacal y sont infiniment petites et n'atteignent pas 0g,001 par litre; au microscope, 1 centimètre cube des mêmes eaux montre à peine une douzaine de microgermes, tandis que l'eau de la Vanne en contient, dans le même volume, 62; l'eau de Seine, à Bercy, 1,400 et l'eau d'égout 20,000.

Le but poursuivi n'aurait pas été atteint si le résultat obtenu n'avait été autre que la plus-value, quelque considérable qu'elle eût été, donnée à des terrains. Le problème à résoudre, c'était l'assainissement de la Seine par suite de la suppression de tout déversement d'eaux d'égout dans son lit.

Après de nombreuses difficultés la ville de Paris s'est assuré la jouissance de terrains dans la forêt de Saint-Germain, sur lesquels de nouvelles irrigations vont être entreprises à bref délai. Enfin des études se poursuivent en vue de la recherche de nouveaux emplacements propres à l'épandage et il y a lieu d'espérer que, avant la fin du siècle, plus une goutte d'eau provenant des égouts ne sera envoyée dans la Seine.

Les dépenses spéciales à l'utilisation des eaux d'égout se sont élevées, de 1871 à 1891, à 10,663,000 francs.

VIDANGES.

Sous l'ancien régime, et, depuis la Révolution jusqu'en 1832, on se préoccupa peu de l'assainissement des habitations. C'est seulement à partir de cette époque qu'apparaît une réglementation, qui devient chaque jour de plus en plus soucieuse de la santé publique.

Le danger à combattre était l'accumulation des matières fécales dans les fosses fixes où elles séjournaient six mois et même un an dans certaines maisons, véritables foyers d'infection et réservoirs permanents d'une foule de maladies infectieuses. Les fosses mobiles, les tinettes filtrantes surtout, furent des palliatifs, mais ne contribuèrent que dans des limites infimes à modifier la situation.

Quoiqu'il en soit, en 1871, sur 104,622 chutes, il y avait 81,622 fosses fixes.

Ce fut Belgrand qui proposa de rendre obligatoire l'écoulement direct à l'égout des liquides provenant des fosses d'aisances, pour toute maison pourvue de branchement, et d'autoriser même l'écoulement des solides et des liquides, le « tout à l'égout », toutes les fois que l'égout serait suffisamment pourvu d'eau, sauf à recouvrer au profit de la ville de Paris 30 francs par chute avec tinette et 50 francs par chute directe.

Cette question du « tout à l'égout », dont il n'y a pas ici à faire l'historique, eut sa solution entravée, au début par l'impossibilité d'utiliser la plupart des égouts alors existants. A mesure que le réseau se développa et que les types s'améliorèrent, elle fut reprise avec plus d'activité et plus complètement étudiée. Elle rencontra de nombreux adversaires et de chauds partisans. En 1886, le 31 juillet, le débat aboutit à une délibération du Conseil municipal autorisant, à titre d'essai, l'écoulement par voie directe des matières de vidange dans les égouts publics pour les voies suivantes :

1° Rues suivies par les collecteurs à bateaux ou à rails ;

2° Rues dont les égouts sont munis de réservoirs de chasse convenablement placés, et pour les immeubles dont les propriétaires justifieraient que leurs cabinets d'aisances sont complètement aménagés et munis d'eau en quantité suffisante.

Un arrêté préfectoral, en date du 10 novembre 1886, a réglementé l'essai d'écoulement à l'égout voté le 31 juillet par le Conseil municipal, et fixé le tarif de la redevance annuelle à 60 francs par chute, avec réduction à 30 francs par tuyau de chute desservant des loyers réels de 500 francs et au-dessous.

Le nouveau mode d'évacuation des matières de vidange a commencé dès lors à entrer en pratique.

Au 31 décembre 1889, l'écoulement direct était autorisé pour 381 kil. 505 m. d'égouts, 21,890 mètres d'égouts ont été ajoutés en 1890 et 35,650 mètres en 1891. Soit, au 31 décembre 1891, 439 kil. 045 (48,67 % de la longueur totale des galeries du service public). Des autorisations nouvelles ont été accordées pour 13,840 mètres pendant les quatre premiers mois de 1892 ; ce qui donne, au 1er mai 1892, 452,885 m.

Depuis cette époque, l'expérience a converti à peu près tous les détracteurs du tout à l'égout et le Conseil municipal a, par une délibération du 27 janvier 1892 (voir : *Eaux*), au moyen d'un projet de loi qui sera soumis au Parlement, pris les mesures nécessaires pour rendre définitive l'évacuation des vidanges à l'égout, en même temps qu'il avisait aux moyens financiers de terminer l'assainissement général de la ville.

La délibération est ainsi conçue :

ARTICLE PREMIER. — Sont approuvées, en principe, les dispositions du projet de loi ci-après présenté par la 6e Commission et ayant pour objet l'application du régime de l'obligation à l'abonnement aux eaux de source et à l'évacuation des matières de vidange à l'égout.

ART. 2. — Les excédents annuels de recettes à provenir tant de la taxe pour l'écoulement des matières de vidange à l'égout que de l'application du régime de l'abonnement obligatoire aux eaux de source serviront à gager un emprunt de 100 millions qui seront affectés aux travaux neufs des services des Eaux, des Canaux et de l'Assainissement.

Ces excédents seront d'abord appliqués, jusqu'à concurrence d'une somme de 25 millions de francs, au paiement de l'intérêt et de l'amortissement d'une première série d'obligations destinée à procurer à la Ville les ressources nécessaires à l'exécution des travaux les plus urgents d'eau et d'assainissement.

Le surplus desdits excédents de recettes pourra être affecté, les années suivantes, dans la mesure du produit disponible constaté au compte de l'année qui précédera celle de l'émission, au service de nouvelles obligations qui seront émises successivement pour les mêmes travaux d'eaux et d'égouts en vertu de délibérations du Conseil municipal et d'autorisations du Parlement.

ART. 3. — En conséquence, M. le préfet de la Seine est autorisé à donner suite à la combinaison financière sus-indiquée et à demander au Parlement l'autorisation d'émettre des obligations jusqu'à concurrence de 25 millions.

PROJET DE LOI RELATIF A L'ASSAINISSEMENT.

*TITRE PREMIER. — Évacuation obligatoire des matières de vidange
par les égouts de la Ville.*

ARTICLE PREMIER. — Les propriétaires des immeubles en bordure des rues pourvues d'un égout public devront écouler souterrainement à l'égout les matières solides et liquides des cabinets d'aisances de ces immeubles, suivant les conditions et dans les délais qui seront déterminés par un décret d'administration publique.

ART. 2. — La ville de Paris est autorisée à percevoir une taxe municipale pour assurer l'évacuation des matières solides et liquides de vidange à l'égout.

ART. 3. — Cette taxe municipale obligatoire sera établie suivant le tarif ci-après :

10 francs pour un immeuble d'un revenu net imposable inférieur	à	500 francs.
20 —	—	de	500 à	1,500 —
40 —	—	de	1,500 à	3,000 —
70 —	—	de	3,000 à	6,000 —
100 —	—	de	6,000 à	10,000 —
150 —	—	de	10,000 à	20,000 —
200 —	—	de	20,000 à	35,000 —
350 —	—	de	35,000 à	50,000 —
500 —	—	de	50,000 à	70,000 —
750 —	—	de	70,000 à	100,000 —
1,000 —	—	de	100,000 à	200,000 —
1,500 —	—	au-dessus de	200,000 —

Ce tarif, délibéré en Conseil municipal et approuvé par un décret rendu dans la forme des règlements d'administration publique, sera révisable tous les cinq ans.

ART. 4. — La recouvrance de cette taxe aura lieu comme en matière de contributions directes.

De 1871 à 1891, la ville de Paris a consacré 3,911,000 francs à la surveillance des vidanges chez les particuliers, aux vidanges des latrines publiques, à la voirie, au dépotoir, etc.

LATRINES PUBLIQUES. — CHALETS DE NÉCESSITÉ. — URINOIRS.

En 1871, en dehors de quelques établissements qu'il fallait connaître pour les trouver, il y avait sur la voie publique 4 (*quatre!*) chalets de nécessité et 39 latrines publiques. La compagnie concessionnaire exploite 121 chalets, en 1891; il existe en outre 45 latrines publiques.

Pendant le même temps le nombre des urinoirs a été porté de 1027 à 1728.

Systèmes de vidanges en usage à Paris en 1871.

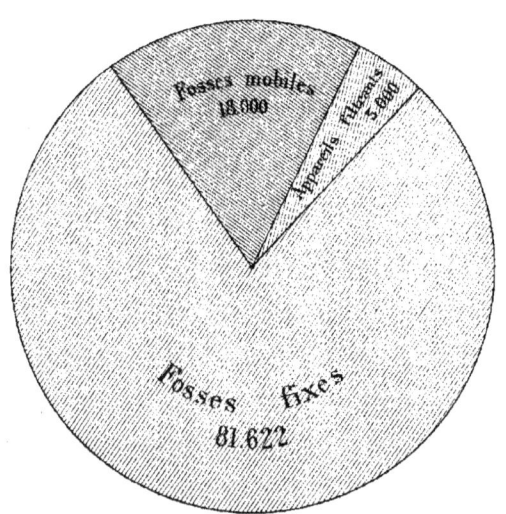

Systèmes de vidanges en usage à Paris en 1891.

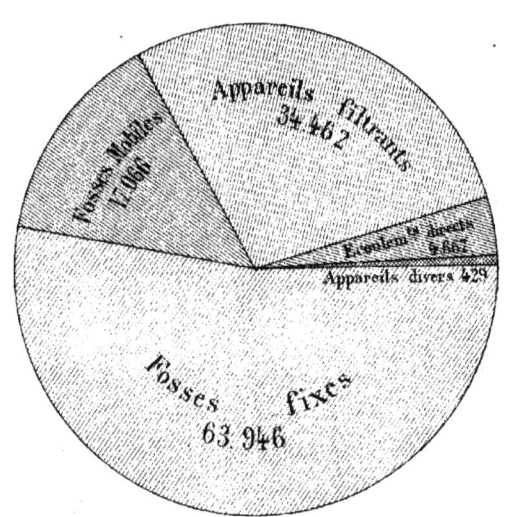

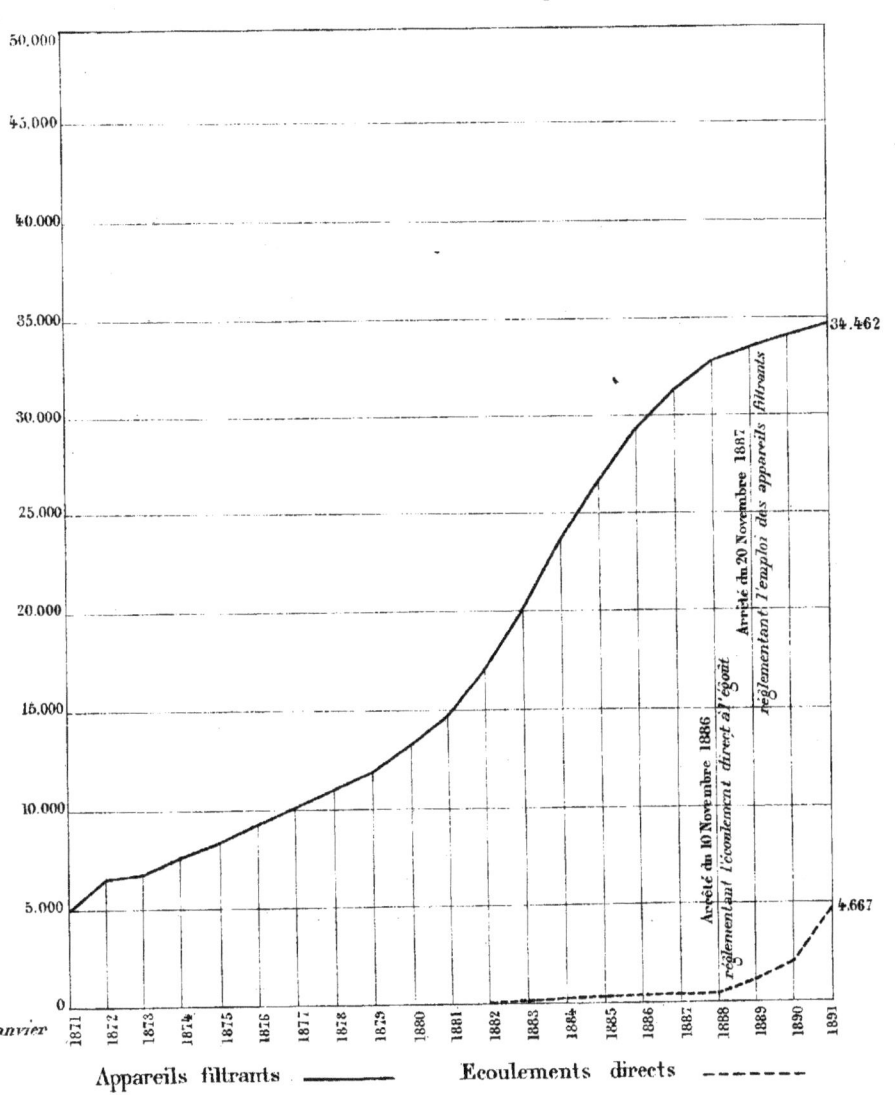

UN RÉSULTAT.

Bien que l'assainissement de Paris ne soit pas encore porté au point que cherchent à atteindre ses administrateurs, les travaux poursuivis sans interruption ont déjà porté leurs fruits et certaines maladies ont sensiblement diminué.

On peut prendre pour type la fièvre typhoïde, dont le principal agent de développement est l'eau contaminée. Or les décès causés par cette affection, la plus grave de toutes celles qui, dans les grandes villes, frappent la population adulte, sont en voie de décroissance considérable.

Il est intéressant de s'arrêter un instant sur le graphique de la mortalité typhoïde. On constate qu'il se divise en trois groupes; le premier représente une situation normale de 1872 à 1879, non compris 1876, la mortalité oscille sans accuser de tendance à croître ou à décroître entre 4,08 et 5,87 pour 10,000 habitants ; puis vient le groupe épidémique 1876, 1880 à 1884, années pendant lesquels la mortalité a atteint jusqu'à 14,07 sans être jamais descendue au-dessous de 6,49 °/$_{ooo}$. Enfin le dernier groupe, de 1885 à 1891, accuse une progression descendante très nette, malgré quelques ressauts ; la proportion des décès n'est plus pour 1891 que de 1,96 °/$_{ooo}$.

Voilà donc un premier résultat indiscutable acquis et le raisonnement fait prévoir qu'il sera bientôt dépassé, lorsque l'eau de source sera partout en abondance et que les fosses fixes auront disparu.

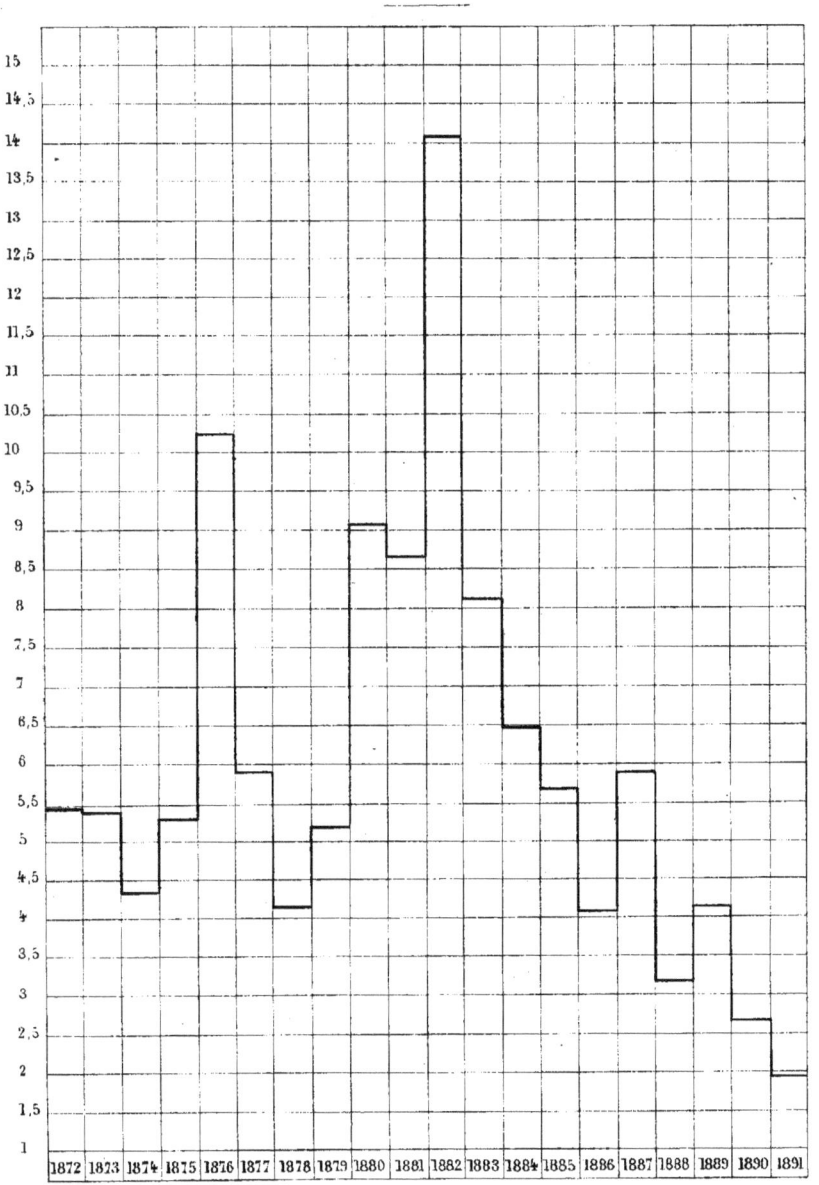

Proportion, pour 10.000 habitants, des décès causés par la fièvre typhoïde de 1872 à 1891.

PROMENADES PUBLIQUES

Si l'eau est une des conditions essentielles de la santé publique, l'air pur ne lui est pas moins indispensable. Aussi, en dehors des grandes voies dont le principal objet a été de pourvoir aux besoins d'une circulation sans cesse croissante, de nombreux squares et jardins ont-ils été créés; en outre la plupart des boulevards et avenues sont bordés d'arbres qui leur donnent la fraîcheur en été et absorbent des quantités considérables d'acide carbonique dont ils restituent l'oxygène.

Aujourd'hui toute voie de plus de 20 mètres de largeur comporte sur chaque contre-allée une rangée d'arbres. A partir de 36 mètres, il y en a deux. Pour les largeurs de plus de 40 mètres, on établit, en général, au milieu de la voie un plateau planté, de chaque côté duquel s'étend une chaussée latérale bordée par un trottoir. Dans tous les cas, les lignes d'arbres sont placées à 5 mètres au moins de la façade des maisons ; l'intervalle qui les sépare est aussi de 5 mètres, et elles sont éloignées de 1 m. 50 c. de la bordure des trottoirs.

Les essences les plus employées sont le platane et le marronnier. Il y a aussi quelques ormes, tilleuls, acacias, vernis du Japon, peupliers, tulipiers, érables et planeras.

Le nombre de ces arbres s'élevait à 87,795 en 1891 ; de 1871 à 1875 il ne dépassait pas 78,155. Dans ces chiffres ne sont pas comprises les plantations des squares, maisons communales et bâtiments divers, ni celles des cimetières intra et extra muros représentant ensemble près de 40,000 pieds.

Les voies plantées se déroulent sur une longueur de 254 kil. 257.

Elles sont pourvues de bancs.

Quant aux promenades proprement dites, il en existe actuellement deux grandes en dehors des fortifications, le bois de Boulogne à l'ouest (873 hectares) et le bois de Vincennes au sud-est (943 hectares), et deux grandes dans l'intérieur de la ville, le parc des Buttes-Chaumont (250,293 m. q. 23) et le parc de Montsouris (15 h. 84 a. 76 c.).

En dehors de ces quatre promenades 120 hectares environ sont affectés à des squares dont quelques-uns, comme le parc Monceau, par exemple, ont une superficie considérable. C'est surtout dans les arrondissements pauvres que la municipalité dans ces dernières années a multiplié les promenades.

Il convient de mentionner spécialement le nouveau jardin du Champ-de-Mars, avec les bâtiments conservés de l'exposition de 1889, qui ont créé un centre d'attraction nouveau pour tout Paris et une source de bien-être pour les quartiers avoisinants du VIIe et du XVe arrondissements.

Les promenades et plantations ont coûté à la ville de Paris depuis 1871 56,781,000 francs (1).

---

(1) La population parisienne jouit en outre du jardin des Plantes, des jardins des Tuileries et du Luxembourg et de quelques petites plantations appartenant à l'État.

État des sommes dépensées annuellement depuis 1871 pour frais de personnel des promenades et plantations.

Année 1871	282.776 74
— 1872	329.082 16
— 1873	335.027 64
— 1874	335.106 41
— 1875	329.818 81
— 1876	324.153 19
— 1877	329.414 37
— 1878	327.427 65
— 1879	334.528 46
— 1880	362.709 62
— 1881	365.148 30
— 1882	370.986 96
— 1883	390.064 60
— 1884	403.471 25
— 1885	403.143 40
— 1886	416.217 19
— 1887	449.825 90
— 1880	441.291 74
— 1889	450.123 23
— 1890	399.972 10
— 1891	405.476 95
Total	7.785.766 67

PROPRETÉ DE LA VOIE PUBLIQUE

Le maintien en état de propreté de la voie publique comprend deux opérations distinctes : 1° l'enlèvement des ordures ménagères; 2° le balayage, nettoiement, arrosage, etc.

L'enlèvement des ordures ménagères et des produits du balayage se fait de six heures et demie à huit heures et demie du matin, d'avril à septembre, et de sept heures à neuf heures du matin d'octobre à mars inclusivement.

Autrefois les ordures ménagères étaient déposées sur les trottoirs ou au bord de la chaussée; leur éparpillement sur le sol était d'un aspect désagréable, et les tessons, verres cassés, etc., qui y étaient mêlés, étaient parfois la cause d'accidents. En outre, de mauvaises odeurs se répandaient dans la rue et persistaient souvent longtemps après que leur cause avait disparu.

Afin d'améliorer un tel état de choses, on imposa aux propriétaires l'obligation de mettre à la disposition de leurs locataires, dès neuf heures du soir, un ou plusieurs récipients communs, de forme variable, mais de capacité et de poids limités, qui sont déposés sur la voie publique une heure au moins avant l'enlèvement et rentrés aussitôt que l'opération est terminée. Ces récipients doivent être maintenus en bon état d'entretien et de propreté et ne recevoir exclusivement que des ordures ménagères.

Ils sont montés sur des tombereaux à l'aide d'un monte-charge pouvant élever 100 kilog. et déchargés seulement sur la voiture. L'entrepreneur est tenu d'avoir effectué l'enlèvement des ordures dans les délais indiqués plus haut.

Les voies publiques sont maintenues en état de propreté parfaite au moyen du balayage et de l'arrosage. C'est en 1873 que ce service a été complètement modifié, à la suite de la loi qui l'a mis à la charge de la ville de Paris, en déchargeant les riverains auxquels fut imposée en compensation une taxe spéciale dite taxe du balayage.

Actuellement le nettoiement est organisé de la manière suivante :

De 4 heures à 6 h. 1/2 du matin :

Balayage et lavage des trottoirs et des chaussées, sablages pour assurer la circulation des chevaux et voitures, désinfection et lavage des surfaces souillées par les urines;

Nettoyage sommaire des urinoirs.

De 6 h. 1/2 à 8 h. 1/2 du matin :

Enlèvement des ordures ménagères et des produits du balayage; continuation des travaux indiqués ci-dessus.

De 8 h. 1/2 à 11 heures du matin :

Crottinage en recherche sur les chaussées ;

Lavage des ruisseaux ;

Arrosage au moyen de tonneaux, d'appareils à la lance ou d'arrosoirs à main ;

Nettoyage complet et désinfection des urinoirs.

De onze heures du matin à une heure du soir :

Repas des cantonniers. — Ce repas est avancé à 10 heures ou retardé à midi, si les circonstances atmosphériques l'exigent ; parfois même la durée du repas est réduite à une heure. Pendant les grandes chaleurs, il est nécessaire que le service d'arrosement se continue sans interruption ; les cantonniers et les attelages sont alors divisés en deux parties : l'une continue le service pendant que l'autre prend son repas, dont la durée est réduite à une heure.

De une heure à quatre heures du soir (fin de la journée) :

Balayage mécanique, s'il y a lieu de le faire ;

Arrosage ;

Crottinage en recherche ;

Balayage des trottoirs à balai traînant pour éviter la poussière ;

Nettoyage complet et désinfection des urinoirs ;

Lavage des bancs, édicules, etc.

De quatre heures à sept heures du soir :

Prolongation du service à cinq, six ou sept heures, suivant nécessité, pour balayage, lavage des ruisseaux, arrosement ou sablage.

De sept à neuf heures du soir :

Pendant cinq mois d'hiver, sablage des voies asphaltées ou pavées en bois.

Lorsqu'il est tombé de la neige, tous les agents disponibles des divers services de la Voie publique sont immédiatement employés à son enlèvement. On embauche en plus tous ceux qui se présentent. Le nombre de ces auxiliaires temporaires a atteint parfois jusqu'à 10,000. Ce chiffre ne peut être dépassé à cause de la nécessité d'encadrer ce personnel peu fait à cette besogne et qui nécessite une surveillance de tous les instants exercée par des cantonniers au courant du travail.

Dans les halles et marchés, le service doit se plier à toutes les exigences du commerce et varie avec les localités et les saisons ; d'une manière générale, il commence à sept heures du matin et ne se termine qu'à neuf heures du soir, le lavage et la désinfection des pavillons ne pouvant se faire que tardivement, après le départ des marchands.

Le service comprend l'enlèvement des détritus, le balayage des pavillons (sol et sous-sol), le lavage et la désinfection du sol et généralement de tout ce qui y tient d'une manière fixe.

L'enlèvement des détritus s'y fait deux fois dans le cours de la journée, et une fois le soir, de six à huit heures.

Les appareils usités sont les machines balayeuses à traction de cheval qui peuvent nettoyer, selon leurs dimensions et selon la plus ou moins grande sécheresse du sol, de 3,000 à 6,000 mètres carrés à l'heure. Les instruments à main sont le balai brosse en piazzava, le balai de bouleau, la raclette en caoutchouc, le racloir, la ratissoire et la pelle de nettoiement.

L'arrosage s'opère au moyen de tonneaux de 1,200 litres portés sur train et traînés par un cheval et de tonneaux à bras de 180 litres, ou même, sur quelques trottoirs, d'arrosoirs à main. Partout où les circonstances le permettent, on emploie la lance, tube métallique de 1 mètre environ relié à une bouche d'eau au moyen de 4 à 8 tubes de 2 mètres chacun. L'action de l'appareil s'étend dans un rayon de 25 mètres. Ce système présente une économie de moitié sur l'arrosage au tonneau pour une même quantité d'eau versée; il est également très commode pour l'arrosage matinal des rues.

Il a été établi sur des voies très fréquentées, et notamment autour des halles et marchés, des récipients de bouche d'égout pour y recevoir des ordures.

L'intervalle de vidange varie de 1 à 5 jours.

Sur les voies fréquentées, les lavages à grande eau assurent mieux la circulation et entretiennent mieux la propreté et la fraîcheur que tout autre mode de nettoyage; on profite donc de toutes les circonstances atmosphériques pour les effectuer; mais, en temps de chaleur ou de sécheresse, ces lavages n'en sont pas moins opérés fréquemment.

Sur les voies pavées en pierre, de 3 jours en 3 jours environ;

Sur les voies empierrées, de 3 jours en 3 jours environ;

Sur les voies asphaltées, de 2 jours en 2 jours;

Sur les voies pavées en bois, tous les jours.

En général, ces lavages se font de 4 à 8 heures du matin.

La comparaison de la partie principale du personnel et du matériel en 1872 et en 1891 présente les augmentations suivantes:

	En 1872.	En 1891.
Nombre de machines balayeuses	109	333
— balayeurs	2.724	2.997
— cantonniers d'arrosage	163	399
— bouches d'arrosage	1.573	6.001

Les frais de balayage et de nettoiement constituent une des plus grosses dépenses ordinaires du budget parisien, ils se sont élevés, de 1871 à 1891, à 132,622,000 francs.

État des sommes dépensées annuellement depuis 1871 pour le nettoiement et l'arrosement des voies publiques (matériel et salaires d'ouvriers).

Année		
1871	3.480.459	61
1872	4.028.226	94
1873	3.807.965	79
1874	4.307.895	94
1875	4.707.954	51
1876	4.816.264	75
1877	4.864.989	58
1878	5.106.995	88
1879	6.579.599	19
1880	5.151.280	81
1881	8.159.386	22
1882	6.516.514	49
1883	6.701.960	04
1884	7.560.252	74
1885	7.834.218	64
1886	7.389.289	74
1887	6.751.667	60
1888	6.888.420	09
1889	6.820.743	86
1890	6.717.645	37
1891	7.499.785	54
Total	125.691.517	43

SUPPRESSION DES PASSAGES A NIVEAU

Le chemin de fer de Ceinture et les grandes lignes à leur point de pénétration dans Paris ne traversaient, lorsqu'ils ont été construits, que des quartiers à peu près déserts. Aussi, afin d'éviter les dépenses de dénivellement des voies et de construction d'œuvres d'art, des passages à niveau avaient-ils été établis partout où cela était possible. Mais, l'extension de la population ayant modifié les conditions de la vie dans ces quartiers, les passages à niveau sont devenus une gêne pour la circulation et un danger permanent. La ville de Paris est alors entrée en négociations avec les compagnies et a obtenu d'elles le passage en-dessus ou en-dessous des voies publiques en participant aux frais de rectification des lignes.

Les 11 passages à niveau suivants ont été supprimés depuis 1887 :

Avenue de Saint-Mandé.

Rue des Poissonniers.

Rue du Poteau.

Rue Navier.

Avenue de Saint-Ouen.

Cours de Vincennes.

Rue de Lagny.

Rue du Volga.

Rue d'Avron.

Rue de la Croix-Saint-Simon.

Rue des Orteaux.

Rue Vitruve.

Les quelques passages à niveau qui subsistent encore disparaitront prochainement.

Les dépenses à la charge du budget municipal ont atteint le chiffre de 6,206,000 fr.

MESURES DIVERSES D'HYGIÈNE ET DE SALUBRITÉ

L'eau, les égouts, la propreté de la voie publique constituent les bases de la salubrité dans une grande ville, mais à côté de cela il est un grand nombre de mesures permanentes ou temporaires qui intéressent également le maintien de la santé publique.

CONSEIL D'HYGIÈNE

Toutes les questions d'hygiène sont soumises, pour la ville de Paris, au Conseil d'hygiène publique et de salubrité du département de la Seine. Ce conseil, institué le 18 messidor an X, a subi depuis cette époque de nombreuses transformations. Sa composition et ses attributions actuelles ont été fixées par décret du 26 novembre 1878.

Il est présidé par le préfet de Police et est formé : 1° par 24 membres titulaires nommés à vie par le préfet de Police sur une liste triple présentée par le Conseil. Les nominations sont soumises à l'approbation de M. le ministre de l'Intérieur; 2° en font en outre partie à raison de leurs fonctions : le doyen de la Faculté de médecine; le professeur de médecine légale et le professeur d'hygiène à la même faculté; le directeur de l'École supérieure de pharmacie de Paris; le président du Conseil de santé des armées; le directeur des Travaux de Paris; l'ingénieur en chef des Ponts et chaussées du département de la Seine; l'ingénieur en chef des Mines chargé de la surveillance des appareils à vapeur dans le département de la Seine; le secrétaire général de la préfecture de Police; deux membres du Conseil général désignés annuellement par le ministre de l'Intérieur sur la proposition du préfet de Police; le chef du service vétérinaire sanitaire du département de la Seine; l'architecte en chef de la préfecture de Police; le chef de la 2° division et le chef du 4° bureau de la 2° division (Bureau sanitaire).

Le préfet nomme annuellement, sur la proposition du Conseil, un vice-président et un secrétaire. Ces dernières fonctions sont dévolues depuis plusieurs années au chef du bureau sanitaire.

Le Conseil se réunit tous les quinze jours à la préfecture de Police. Les membres titulaires touchent un jeton de présence de 50 francs; le jeton des membres en raison de leurs fonctions est de 10 francs.

Le Conseil est chargé de l'examen des questions d'hygiène publique et de salubrité qui lui sont renvoyées par le préfet de Police; il est notamment consulté sur les objets suivants :

L'assainissement des localités et des habitations ;

Les mesures à prendre pour prévenir et combattre les maladies endémiques, épidémiques et transmissibles ;

Les épizooties et les maladies des animaux ;

La propagation de la vaccine ;

L'organisation et la distribution des secours médicaux aux malades indigents ;

La salubrité des ateliers, écoles, hôpitaux, maisons d'aliénés, établissements de bienfaisance, casernes, arsenaux, prisons, dépôts de mendicité, asiles, etc. ;

La qualité des aliments, boissons, condiments et médicaments livrés au commerce ;

Les demandes en autorisation des établissements dangereux, incommodes ou insalubres ;

Les grands travaux d'utilité publique, construction d'édifices, écoles, prisons, cimetières, casernes, etc..... sous le rapport de l'hygiène publique.

Il y a lieu de mentionner en outre les cas fréquents où l'initiative des membres du Conseil attire l'attention des pouvoirs publics sur des questions qui intéressent la salubrité publique.

Le fonctionnement du Conseil d'hygiène et quelques services de salubrité aujourd'hui disparus et remplacés par d'autres, dont il sera parlé plus loin, ont coûté à la ville de Paris, depuis 1871, 1,307,000 francs.

LOGEMENTS INSALUBRES

La loi du 13 avril 1850 prévoit la constitution dans les communes, dont le conseil municipal l'aura décidé, d'une commission chargée « de rechercher et d'indiquer les mesures indispensables d'assainissement des locaux et dépendances insalubres mis en location ou occupés par d'autres que le propriétaire, l'usufruitier ou l'usager. Sont réputés insalubres les logements qui se trouvent dans des conditions de nature à porter atteinte à la vie ou à la santé de leurs habitants ».

Cette commission, qu'une loi du 25 mai 1864 a autorisé la ville de Paris à porter à 30 membres, est composée d'architectes, de médecins et de personnes ayant une compétence spéciale en matière d'hygiène ou de construction. Le nombre des plaintes qu'elle reçoit est considérable et toutes les fois qu'elles sont fondées elle saisit le Conseil municipal, qui statue et oblige les propriétaires à faire le nécessaire, dans le délai d'un mois. Grâce à l'activité déployée par la Commission, le Conseil municipal et l'Administration, environ 15,000 immeubles ont été assainis depuis 20 ans au grand bien des locataires, appartenant tous aux classes les plus pauvres de la population.

Le tableau suivant indique par quartier le nombre des habitations pour lesquelles des délibérations ont été prises en 1891 :

ARRONDISSEMENTS	QUARTIERS	NOMBRES	ARRONDISSEMENTS	QUARTIERS	NOMBRES
				Report	297
	Palais-Royal	13		Folie-Méricourt	16
Iᵉʳ	Place-Vendôme	1	XIᵉ	Saint-Ambroise	15
	Halles	11		Roquette	»
	Saint-Germain-l'Auxerrois	»		Sainte-Marguerite	»
	Gaillon	5		Bel-Air	2
IIᵉ	Vivienne	»	XIIᵉ	Picpus	36
	Mail	16		Bercy	9
	Bonne-Nouvelle	18		Quinze-Vingts	19
	Arts-et-Métiers	9		Salpêtrière	»
IIIᵉ	Enfants-Rouges	7	XIIIᵉ	Gare	12
	Archives	11		Maison-Blanche	5
	Sainte-Avoie	13		Croulebarbe	1
	Saint-Merri	7		Montparnasse	7
IVᵉ	Saint-Gervais	12	XIVᵉ	Santé	»
	Arsenal	5		Petit-Montrouge	18
	Notre-Dame	3		Plaisance	36
	Sorbonne	28		Saint-Lambert	19
Vᵉ	Val-de-Grâce	9	XVᵉ	Necker	10
	Jardin-des-Plantes	13		Javel	10
	Saint-Victor	7		Grenelle	32
	Monnaie	10		Auteuil	»
VIᵉ	Odéon	»	XVIᵉ	La Muette	8
	Notre-Dame-des-Champs	7		Porte-Dauphine	2
	Saint-Germain-des-Prés	»		Bassins	6
	Saint-Thomas-d'Aquin	8		Ternes	9
VIIᵉ	Invalides	1	XVIIᵉ	Plaine-Monceaux	4
	École-Militaire	»		Batignolles	8
	Gros-Caillou	7		Épinettes	16
	Champs-Élysées	»		Grandes-Carrières	41
VIIIᵉ	Roule	»	XVIIIᵉ	Clignancourt	27
	Madeleine	2		Goutte-d'Or	20
	Europe	»		La Chapelle	6
	Saint-Georges	14		La Villette	20
IXᵉ	Chaussée-d'Antin	7	XIXᵉ	Pont-de-Flandre	2
	Faubourg-Montmartre	10		Amérique	29
	Rochechouart	11		Combat	19
	Saint-Vincent-de-Paul	1		Belleville	40
Xᵉ	Porte-Saint-Denis	11	XXᵉ	Saint-Fargeau	12
	Porte-Saint-Martin	10		Père-Lachaise	21
	Hôpital-Saint-Louis	10		Charonne	7
	A reporter	297		TOTAL	841

Toutes ces dépenses sont à la charge des particuliers, néanmoins les frais d'administration se sont élevés, depuis 1871, à 584,000 francs.

Il faut ajouter 705,000 francs pour travaux de sécurité exécutés d'office et accessoires divers.

DÉSINFECTION.

Le service de la désinfection à domicile a commencé à fonctionner en 1884, à l'occasion de l'épidémie cholérique. Du 3 au 30 novembre 1884, 798 désinfections furent opérées par les escouades organisées par le préfet de Police. Le service a toujours continué depuis.

Le nombre des désinfections a dépassé 800 en 1891. Les principales maladies à la suite desquelles on y a eu recours sont la fièvre typhoïde, la variole, la rougeole, la scarlatine et la diphtérie.

Des étuves à désinfection à vapeur sous pression sont en outre à la disposition du public dans les refuges de nuit de la rue du Château-des-Rentiers et du quai de Valmy, et à la station de voitures d'ambulances de la rue Chaligny.

De plus, si les circonstances l'exigeaient, on pourrait se servir d'une étuve placée dans le refuge-ouvroir de la rue Fessart. Enfin, un asile de nuit pour femmes est en voie de création rue Stendhal, ainsi qu'un refuge-fourneau dans le XVIIe arrondissement. Ces établissements seront dotés d'étuves qui pourront être utilisées pour les besoins de la population.

Le service a été organisé en tenant compte de toutes les exigences de l'hygiène. On a séparé avec soin la partie du local où arrivent et où sont manutentionnés les effets infectés de la partie où ils sortent de l'étuve et d'où ils sont reportés au public. La première partie ou lazaret est rigoureusement fermée, le chef de la station ayant seul qualité pour ouvrir les portes et laisser pénétrer ou sortir. En entrant, le personnel revêt une tenue de travail qu'il quitte à la sortie ; le public qui visite doit également prendre une longue blouse fermée au cou et aux poignets, des sandales et un calot ; avant de quitter le lazaret, on passe dans un lavabo où l'on procède à des ablutions antiseptiques. Le soir, le personnel, avant de quitter l'établissement, prend toutes les précautions hygiéniques nécessaires.

Pour aller chercher les objets, les désinfecteurs partent avec une voiture hermétiquement close ; à l'arrivée à domicile, ils endossent des vêtements spéciaux, procèdent à toutes leurs opérations ; les objets sont enfermés dans des enveloppes épaisses et closes de façon à éviter toute diffusion de germes morbides durant le passage dans l'escalier. Avant de quitter le local, les désinfecteurs retirent leurs effets de travail qu'ils placent également dans une enveloppe ; le tout est mis dans la voiture, que l'on referme avec soin.

A l'arrivée, le déchargement se fait dans un hangar clos ; les enveloppes déposées dans une salle ne sont ouvertes qu'au moment du passage à l'étuve. Les linges tachés de sang sont au préalable lavés dans une solution de permanganate de potasse, afin de faire disparaître les taches.

La voiture, les harnais, le cheval, sont lavés avec une solution antiseptique.

Pour rapporter les objets à domicile, on a une voiture, un cheval, un personnel particuliers.

Tous les intéressés peuvent demander une désinfection soit pendant le cours d'une maladie, soit après sa terminaison. Aucun certificat, aucune justification ne sont réclamés.

Il suffit de formuler une demande, soit oralement, soit par lettre, soit par télégramme, soit par téléphone.

On peut s'adresser : soit à l'une des trois stations municipales, rue du Château-des-Rentiers, 73 ; rue des Récollets, 6 *bis* ; rue Chaligny, 21 ; — soit à l'une des vingt mairies d'arrondissement ; — soit à l'un des cimetières du Nord, de l'Est, du Sud ; — soit au refuge-ouvroir rue Fessart, 37 ; — soit à la station municipale de voitures d'ambulance rue de Staël, 6 ; — soit au bureau central de la direction des Affaires municipales, caserne Lobau.

En outre, la direction des Affaires municipales tient à la disposition des médecins à Paris des carnets contenant un certain nombre de cartes postales.

Pour obtenir une désinfection, il suffit de détacher une de ces cartes. Des agents, munis d'une carte d'identité et revêtus d'un uniforme, se rendent à domicile aussitôt que le service le permet.

C'est le 1er juin 1889 qu'a été ouverte l'étuve de la rue du Château-des-Rentiers, celles de la rue des Récollets et de la rue Chaligny ont commencé à fonctionner, l'une le 1er septembre 1890, l'autre le 1er avril 1891. Le nombre des désinfections, qui augmente tous les jours, à mesure que le service est mieux connu du public, s'est élevé à 5,769 depuis le 1er juin 1889.

La désinfection, tant à domicile que dans les étuves, a entraîné, depuis son organisation, une dépense de 369,000 francs.

TRANSPORT DES CONTAGIEUX.

Une des causes les plus dangereuses et les plus difficiles à éviter de la diffusion des maladies contagieuses est la contamination des voitures de place, qui, après avoir transporté des malades jusqu'à la porte des hôpitaux, retournent sur la voie publique sans avoir été désinfectées (1) C'est de cette façon que de nombreux cas de diphtérie et d'autres maladies infectieuses se sont propagés.

Pour obvier à cet inconvénient, un service de voitures spéciales a été créé en 1882.

Leur nombre varie suivant les besoins.

En 1884, lors de l'épidémie cholérique, 24 voitures ont été mises en mouvement.

---

(1) Toutes les fois qu'une voiture amène un malade dans un hôpital, elle est désinfectée par les soins de l'Assistance publique ; mais la plupart du temps, lorsqu'il s'agit surtout d'enfants que l'on peut prendre dans ses bras, les cochers évitent de pénétrer dans la cour et s'empressent de partir pour éviter la désinfection, qui leur fait perdre du temps et laisse dans leur voiture, pendant quelque temps, une odeur qui éloigne les clients.

Trois seulement suffisent aujourd'hui, mais une réserve est constamment entretenue en bon état et prête à être mise en service si cela était nécessaire.

2,000 à 2,300 malades environ sont transportés chaque année.

Il est inutile d'ajouter que les mesures les plus rigoureuses sont prises pour la désinfection absolue de ces voitures, des chevaux et du personnel après chaque course.

Il existe un autre service de transport des malades, mais ce service n'est pas spécialement destiné aux contagieux, et son but principal est de faciliter l'envoi dans les hôpitaux des personnes qui ne peuvent s'y rendre à pied. Il figure donc au titre de l'assistance, bien qu'il ne fasse aucune distinction entre la nature des maladies dont sont atteints ceux qui y ont recours.

Les dépenses du transport des contagieux, y compris l'entretien et le remisage du matériel d'épidémie, se sont élevées, depuis 1882, à 210,000 francs.

CRÉMATION.

Depuis 1871 une somme de 59,000 francs a été consacrée aux études pour l'assainissement des cimetières et de nombreux travaux, différents selon les localités, ont été exécutés. Mais, quoi qu'on fasse, il est impossible d'empêcher absolument les émanations.

Aussi l'avenir appartient-il à la crémation, lorsqu'elle sera entrée dans les mœurs ou qu'une mesure législative l'aura rendue obligatoire.

Paris est la seule ville de France qui possède un four crématoire. Il a été construit au cimetière du Père-Lachaise en 1886-1887. Lorsque le service sera plus développé, il aura une étendue triple de celle qu'il a actuellement.

Le premier appareil employé fut celui de Goroni, dont on se sert à Milan. Mais on reconnut bientôt que la durée de l'incinération était trop longue (2 heures environ) et que, en raison du grand nombre de corps ou débris d'hôpitaux à incinérer, il était préférable de recourir à un système à fonctionnement continu. De plus, cet appareil ne pouvant être chauffé qu'au bois, les frais de combustible s'élevaient à 20 ou 25 francs par opération.

Actuellement, on utilise deux appareils construits, l'un par MM. Toisoul et Fradet l'autre par M. Fichet, et inaugurés le premier le 5 août 1889 et le second le 19 janvier 1891. L'appareil Goroni a été supprimé.

Ces deux nouveaux fours, chauffés au gaz, peuvent brûler un cadavre, l'un en 1 heure ou 1 h. 1/4, l'autre en 50 ou 55 minutes.

La loi du 15 novembre 1887 sur la liberté des funérailles a autorisé le choix de modes de sépulture autres que l'inhumation, tout en décidant qu'un règlement d'administration publique déterminerait les conditions afférentes à chacun d'eux.

Ce règlement a été promulgué le 27 avril 1889 ; en voici la teneur en ce qui concerne la crémation :

TITRE III. — DE L'INCINÉRATION.

ART. 16. — Aucun appareil crématoire ne peut être mis en usage sans une autorisation du préfet accordée après avis du Conseil d'hygiène.

ART. 17. — Toute incinération est faite sous la surveillance de l'autorité municipale. Elle doit être préalablement autorisée par l'officier de l'état-civil du lieu du décès, qui ne peut donner cette autorisation que sur le vu des pièces suivantes :

1° Une demande écrite du membre de la famille ou de toute autre personne ayant qualité pour pourvoir aux funérailles ; cette demande indiquera le lieu où doit s'effectuer l'incinération ;

2° Un certificat du médecin traitant, affirmant que la mort est le résultat d'une cause naturelle ;

3° Le rapport d'un médecin assermenté commis par l'officier de l'état-civil pour vérifier les causes du décès.

A défaut du certificat d'un médecin traitant, le médecin assermenté doit procéder à une enquête sommaire dont il consignera les résultats dans son rapport.

Dans aucun cas, l'autorisation ne peut être accordée que si le médecin assermenté certifie que la mort est due à une cause naturelle.

ART. 18. — Si l'incinération doit être faite dans une autre commune que celle où le décès a eu lieu, il doit en outre être justifié de l'autorisation de transporter le corps conformément à l'art. 4.

ART. 19. — La réception du corps et son incinération sont constatées par un procès-verbal qui est transmis à l'autorité municipale.

ART. 20. — Les cendres ne peuvent être déposées, même à titre provisoire, que dans des lieux de sépulture régulièrement établis.

Toutefois, les dispositions des art. 12 à 15 ne sont pas applicables à ces dépôts.

ART. 21. — Les cendres ne peuvent être déplacées qu'en vertu d'une permission de l'autorité municipale.

Le tarif des incinérations a été fixé de la manière suivante :

1re classe..................	} 250 »	6e classe..................	} 50 »	
2e classe..................		7e classe..................		
3e classe..................	200 »	8e classe..................		
4e classe..................	150 »	Service ordinaire..........		
5e classe..................	100 »	Service gratuit.............	Néant.	

Les maires de Paris peuvent, comme pour les inhumations, accorder, par arrêté spécial, la gratuité de l'incinération, quand ils estiment que la famille est hors d'état d'en acquitter les frais, alors même que le décédé n'était pas inscrit au bureau de bienfaisance.

En ce qui concerne les corps amenés directement de l'extérieur au monument crématoire, et pour lesquels il n'y a pas de convoi régulier, la taxe d'incinération perçue est celle de la 5ᵉ classe. Mais ces corps sont exempts du paiement de la taxe spéciale frappant les corps amenés de l'extérieur aux cimetières de Paris.

De même les corps exhumés d'un cimetière parisien pour être incinérés sont exempts du paiement de la taxe d'exhumation.

A l'arrivée au monument crématoire, le cercueil retiré du char est introduit dans la salle d'attente et de là dans la salle d'incinération où les plus proches parents du décédé, au nombre de trois au plus, sont seuls admis; les autres assistants restent dans la salle d'attente, où peuvent être prononcés des discours ou récitées des prières.

Le cercueil est placé sur la sole métallique posée sur les longerons de l'appareil d'introduction; cette sole est recouverte d'un drap en toile d'amiante. Il est ensuite procédé à l'incinération, dont les progrès sont constatés au moyen de regards placés sur les côtés de l'appareil Toisoul et Fradet, à l'arrière de l'appareil Fichet. Quand la combustion est complète, la sole est retirée, les cendres sont recueillies à l'aide de pinces en métal et déposées dans l'urne, qui est ensuite fermée à la chaux et scellée d'un cachet aux armes de la ville de Paris.

La fourniture de cette urne est à la charge des familles. Celles-ci sont libres d'adopter la forme et la matière qu'elles jugent convenables, si elle doit être placée dans une sépulture de famille. Si les cendres doivent être déposées dans le columbarium municipal, l'urne doit avoir les dimensions suivantes : hauteur, 28 centimètres; longueur, 48 centimètres; largeur, 28 centimètres.

Dans le premier cas, les familles peuvent déposer les urnes soit en concession temporaire, soit en concession perpétuelle et alors elles sont autorisées, si elles le demandent, à n'acquérir qu'une concession d'un mètre superficiel. D'après les instructions ministérielles, les urnes contenant des restes incinérés ne peuvent être placées à l'extérieur des monuments funéraires; elles doivent toujours être inhumées sans qu'il soit nécessaire de les placer à la profondeur des inhumations de corps; il suffit qu'elles soient recouvertes d'une dalle ou pierre dure.

Quant au columbarium municipal, il ne renferme que des cases destinées à être occupées temporairement. Toute incinération, même gratuite, donne droit à l'occupation, pendant cinq ans, d'une case du columbarium. Après cinq ans, les familles sont admises à prolonger l'occupation de la case pour une nouvelle période quinquennale moyennant le versement d'une somme de 50 francs. (Cette somme est le prix d'une concession temporaire de cinq ans dans les cimetières parisiens.)

Ce columbarium, qui a été achevé au mois de juin 1891, est établi le long du mur d'enceinte du cimetière de l'Est dans le voisinage du crématoire. Cet emplacement a l'avantage de se prêter, d'une manière pour ainsi dire indéfinie, à l'établissement de portiques successifs formant les travées du columbarium.

Une seule travée est actuellement construite sur une longueur de 13 m. 60 c.; elle contient 354 cases. Celles-ci, protégées par un auvent contre la pluie et le soleil, sont à l'abri de toute détérioration provenant des variations atmosphériques.

Chacune des cases, en maçonnerie, a les dimensions suivantes : hauteur, 29 centimètres; largeur, 29 centimètres; profondeur, 49 centimètres. Sur le devant est ménagée une double rainure. Dans la première s'encastre une dalle qui ferme la case quand l'urne y a été déposée ; cette dalle est ensuite scellée. La deuxième rainure est destinée à recevoir la plaque que la famille voudra y apposer, en métal, en pierre, ou en verre, etc., à son choix, et sur laquelle elle pourra placer telle inscription qu'elle jugera convenable, sous réserve, bien entendu, de l'approbation de l'autorité municipale, aux termes de l'ordonnance du 3 décembre 1843.

La dépense du columbarium revient à 59 francs par case, soit 30 francs pour chaque case (maçonnerie, taille, sciage, feuillure, etc.) et 29 francs pour la partie architecturale et décorative du monument.

Le nombre des incinérations, y compris celles des débris d'hôpitaux et des embryons, qui y sont tous soumis sans exception, s'est élevé à 7,000 environ depuis l'organisation du service en 1889.

Les dépenses de la crémation, construction du monument, achat d'appareils et frais divers, figurent aux comptes pour une somme de 408,000 francs.

DÉPOTS MORTUAIRES.

Dans la plupart des logements ouvriers de Paris, le local est très exigu ; souvent une seule chambre sert de demeure à toute la famille. Il est aisé de comprendre quels inconvénients offre la présence d'un cadavre auprès duquel père, mère, enfants sont obligés de vivre, manger et dormir pendant les deux jours qui précèdent en général l'inhumation.

C'est en vue de remédier à cette situation que, par délibération du 21 juillet 1890, le Conseil municipal a voté l'établissement, à titre d'essai, de deux dépôts mortuaires dans les cimetières de l'Est et du Nord. Le dépôt du cimetière du Nord a été inauguré le 13 décembre 1890, celui du cimetière de l'Est, le 28 mai 1892.

Depuis cette époque, il reçoit :

1º Sur la demande des familles, avant ou après la constatation du décès par l'officier de l'état civil, les corps des personnes décédées par suite de maladies non contagieuses dans les IXᵉ, XVIIᵉ et XVIIIᵉ arrondissements de Paris ;

2º Sur réquisition des commissaires de police, les corps des personnes étrangères à Paris décédées sur la voie publique.

Le dépôt comprend six pièces munies chacune d'une fenêtre avec vasistas ; l'une sert de salle d'exposition pour les corps au moment du départ du convoi ; les autres contiennent chacune un lit et une chaise ; le lit en fer est garni d'un matelas de crin animal recouvert d'une toile blanche caoutchoutée sur les deux faces.

Le transport des corps est assuré par le personnel du dépôt. Il est effectué :

Pour les décédés à domicile, au moyen d'une voiture spéciale à deux roues, traînée à bras par deux ouvriers du cimetière et munie d'un appareil mobile permettant d'aller chercher le corps dans la chambre mortuaire ;

Pour les décédés sur la voie publique, au moyen des voitures d'ambulances municipales servant au transport des malades.

Très peu de familles ont eu recours jusqu'ici aux dépôts mortuaires, mais on doit espérer que l'utilité en sera dans l'avenir mieux comprise et que la population ouvrière se rendra compte que le respect des morts ne doit pas être poussé au point d'obliger des enfants au contact des cadavres dans des logements où manquent trop souvent l'air et la lumière, l'espace toujours.

Jusqu'ici, les sommes consacrées à l'essai en cours ont atteint 38,000 francs.

DISPENSAIRE DE SALUBRITÉ.

La ville de Paris possède un dispensaire de salubrité qui, de 1871 à 1891, lui a coûté 95,000 francs.

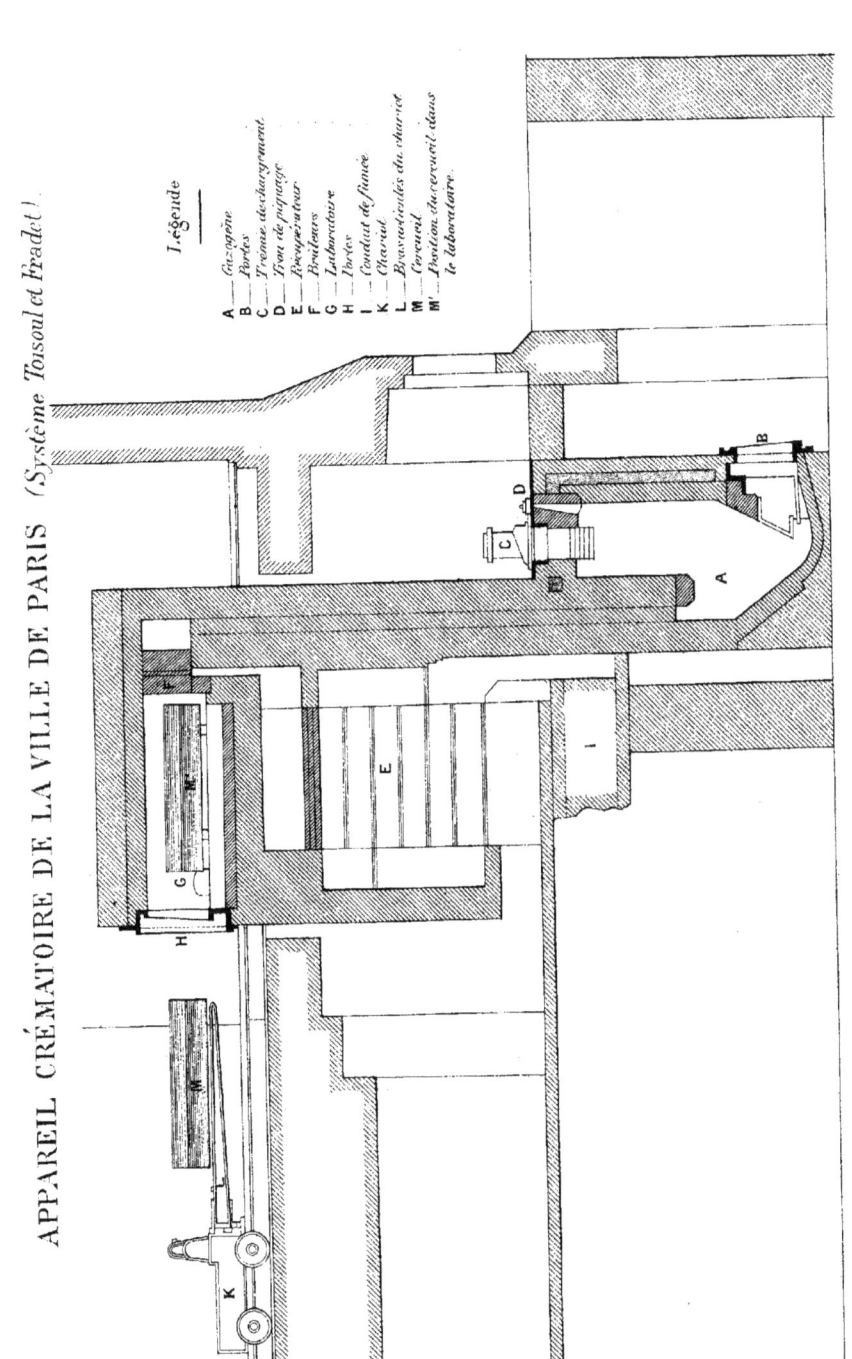

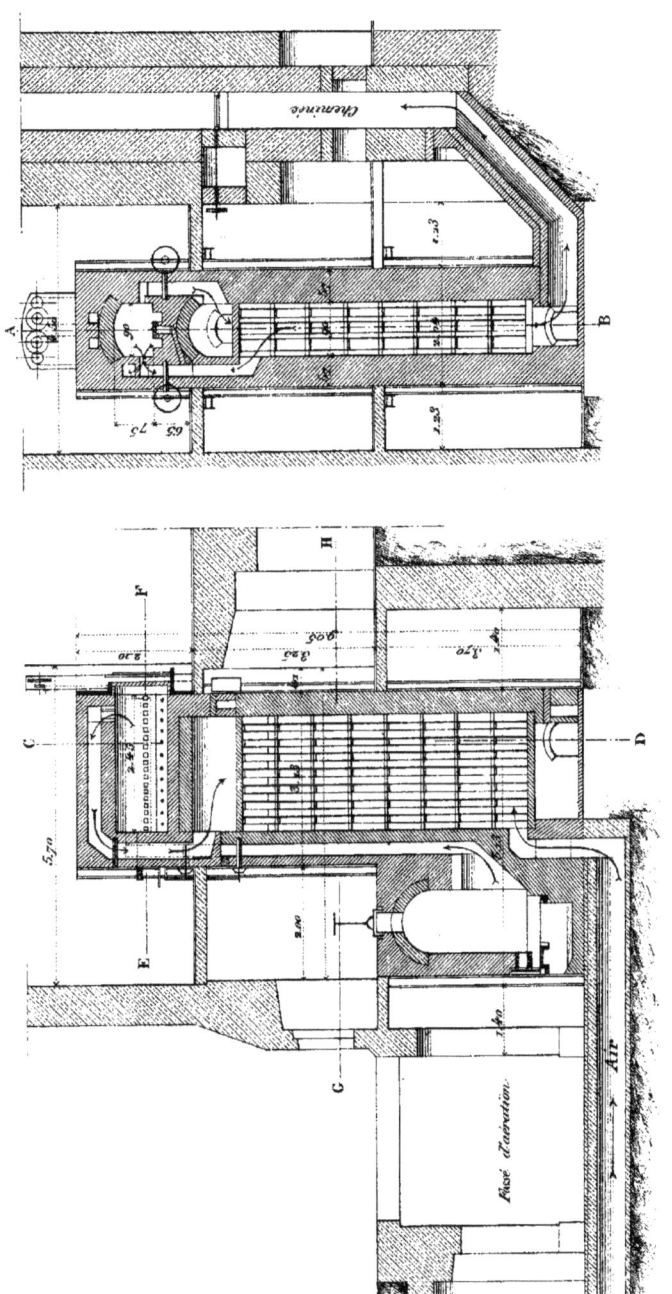

COLUMBARIUM MUNICIPAL
du Cimetière de l'Est.

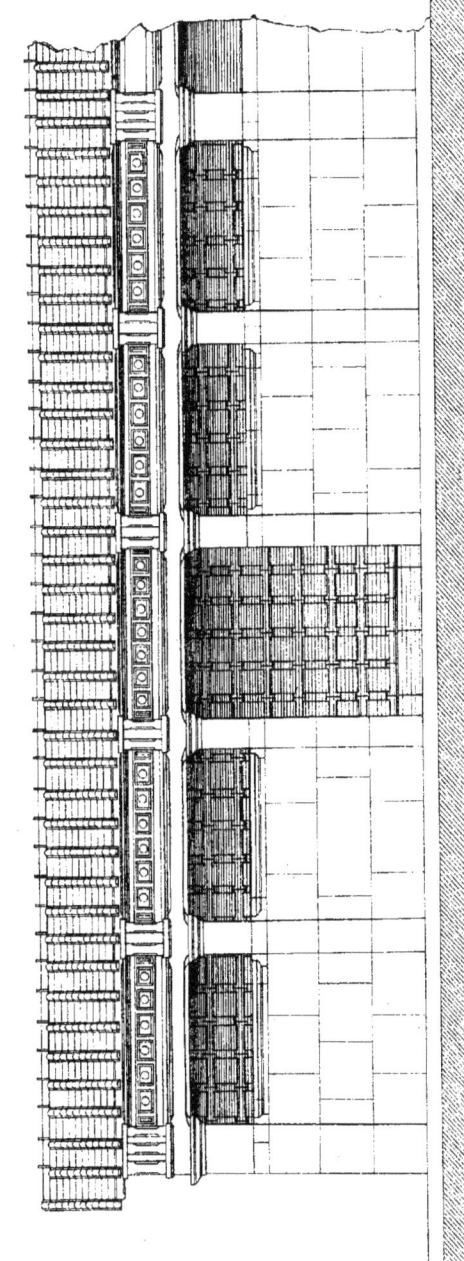

Élévation d'une travée.

SURVEILLANCE DE L'ALIMENTATION

LABORATOIRE MUNICIPAL.

Avant 1878, le service de la surveillance des vins, boissons et autres denrées alimentaires, était confié aux dégustateurs de la préfecture de Police. Ces dégustateurs examinaient les marchandises mises en vente dans la boutique même du commerçant et en présence de sa clientèle. Des plaintes furent formulées et on imagina de faire prélever des échantillons par des inspecteurs spéciaux, de les transporter à l'Administration centrale et, là, de les faire goûter par des experts.

Tous ces fonctionnaires furent attaqués violemment par les intéressés. On les représentait comme incapables, souvent comme indignes. C'est pour faire cesser les plaintes, d'ailleurs non justifiées, que fut créé le laboratoire municipal de chimie, destiné dans l'esprit des promoteurs de son organisation à servir aux commerçants pour y faire analyser leurs produits. Telle était donc sa seule mission lorsqu'il commença à fonctionner au mois d'octobre 1878.

Dès son début, il montra son utilité en signalant l'emploi des piquettes, de raisins secs et de glucose pour le coupage des vins. Aussi de nombreuses pétitions furent-elles adressées au Conseil municipal dans le but d'obtenir pour les particuliers l'autorisation de faire analyser les boissons et denrées sur lesquelles ils désireraient être renseignés. Ces demandes furent accueillies favorablement et le 1er mai 1880 le laboratoire fut ouvert au public.

Actuellement, le personnel se compose d'un chef, d'un sous-chef, de chimistes principaux, de chimistes ordinaires et d'un personnel administratif.

Le service extérieur est assuré par 13 sections qui opèrent dans Paris et, depuis le 1er mai 1890, dans la banlieue.

Chaque section se compose d'un commissaire-expert et d'un expert-inspecteur. Ils visitent les débits et magasins de boissons, de denrées alimentaires, de pétrole, etc., et les marchés situés dans leur ressort; ils opèrent des prélèvements sur les produits qui leur semblent suspects ou dont il importe de vérifier la nature et la qualité.

Les opérations des 12 premières sections sont circonscrites dans un périmètre qui est spécialement attribué à chacune d'elles.

La 13º, dite section volante, surveille les marchands en gros, les arrivages dans Paris par les barrières et dans les gares de chemins de fer.

Les échantillons soumis à l'analyse ont donc deux origines distinctes ; les uns proviennent de prélèvements pratiqués d'office chez les commerçants, les autres sont apportés par des particuliers. Pour ces derniers, l'analyse quantitative donne lieu à la perception d'un droit qui est en général de 20 francs.

En dehors des denrées alimentaires, le Laboratoire a étudié un grand nombre de questions parmi lesquelles les plus importantes se rattachent aux objets suivants :

Produits employés en parfumerie ; dosage du plomb dans les étamages, les têtes de siphon et les soudures des boîtes de conserves ; analyse des boues d'égout et des matières de tinettes ; entretien des pompes à bière ; coloration des jouets ; inflammabilité des corps par l'étincelle électrique ; incombustibilité des décors de théâtre et utilité des rideaux de fer ; analyse de l'air dans les dortoirs, des gaz provenant des matières de vidange, des terres des cimetières, des gaz produits dans les fosses d'inhumation ; influence de la nourriture donnée aux vaches sur la composition du lait ; recherche des fuites de gaz dans les égouts et dans les caves ; désinfection des logements des varioleux et des voitures servant au transport des contagieux ; analyse des produits industriels donnant lieu à des contestations au sujet de la perception des droits d'octroi ; analyse des eaux, etc.

Enfin on ne peut oublier que c'est grâce aux recherches du chef du Laboratoire qu'il a été possible de déterminer la nature des explosifs employés par les malfaiteurs dans les attentats commis au commencement de l'année 1892 et les engins dont ils avaient fait usage.

Toutes les fois que l'examen d'un échantillon révèle une fraude constituant un délit, le résultat de l'analyse est transmis au Parquet, qui poursuit s'il y a lieu.

Une seule constatation suffira pour montrer les résultats obtenus par la substitution des procédés scientifiques d'expertise à la dégustation. Sur 7,997 échantillons de vins analysés en 1891, 3,808 ont été reconnus mauvais à divers titres, c'est-à-dire 47.62 %, et pour le lait 423 seulement sur 4,647, soit 10.01 %. Or, en 1881, alors que les falsificateurs n'avaient pas encore pu apprécier le terrible adversaire qui se dressait contre eux, 59.17 % des vins et 50.66 % des laits avaient été déclarés mauvais. En dix ans une amélioration de 11.48 % sur les vins et de 40.65 % sur les laits a donc été réalisée, et encore pour ces derniers les échantillons condamnés ne contiennent-ils aucune matière étrangère ; ils ne sont que mouillés ou écrémés.

En 1881, 6,517 objets ont été soumis au Laboratoire ; leur nombre s'est élevé à 21,950 en 1891. 21,784 analyses ont été pratiquées pendant la même période. Elles ont donné les résultats consignés au tableau suivant :

Échantillons analysés en 1891.

NATURE DES ÉCHANTILLONS	TOTAL DES ANALYSES	CLASSEMENTS QUALITATIFS
Vins	7,997	4.189 Bons. 422 Malades. 524 Plâtrés. 335 Piquette. 624 Vinés. 1.870 Mouillés. 3 Colorés artificiellement. 4 Salicylés. 20 Déplâtrés. 33 Autres.
Vinaigres	111	59 Bons. 48 Contenant du vinaigre d'alcool. 4 Contenant des acides minéraux.
Bières	816	812 Bonnes. 2 Salicylées. 2 Mouillées.
Cidres et poirés	185	81 Bons. 45 Colorés artificiellement. 9 Salicylés. 50 Mouillés.
Alcools et liqueurs	538	177 Bons. 334 Kirschs fabriqués artificiellement. 27 Alcools mauvais goût.
Sirops	159	82 Bons. 45 Glucosés. 32 Colorés artificiellement.
Eaux	817	478 Bonnes. 208 Contenant des matières organiques. 131 Contenant des matières minérales.
Laits	4,647	4.224 Bons. 423 Mouillés et écrémés.
Beurres	1,175	816 Bons. 359 Contenant des graisses étrangères.
Huiles	312	137 Bonnes. 175 Contenant des huiles étrangères.
Farines	439	430 Bonnes. 5 Avariées. 3 Étrangères.
A reporter	17,196	

Échantillons analysés en 1891 (Suite et fin).

NATURE DES ÉCHANTILLONS	TOTAL DES ANALYSES	CLASSEMENTS QUALITATIFS
Report....	17,196	
Pains et pâtes.............	116	73 Bons. 38 Avariés ou mal cuits.
Sucreries	289	277 Bonnes. 12 Coloriées artificiellement.
Confitures et miels.........	37	23 Bons. 11 Glucosés ou salicylés. 5 Colorés artificiellement.
Chocolats et cacaos.........	259	147 Bons. 106 Contenant de la fécule ou des débris de coques. 6 Contenant des graisses étrangères.
Viandes et conserves.......	241	163 Bonnes. 5 Avariées, cuivrées ou salicylées. 73 Colorées artificiellement.
Poivres et épices...........	1,380	1.330 Bons. 32 Contenant des grignons. 18 Contenant de la fécule.
Jouets....................	16	7 Bons. 9 Colorés avec des colorants interdits.
Papiers et tentures.........	42	26 Bons. 16 Colorés avec des colorants interdits.
Étains et poteries..........	384	219 Bons. 165 Contenant du plomb.
Pharmacie.................	8	8 Bonnes.
Colorants.................	35	32 Bons. 3 Interdits.
Pétroles..................	838	755 Bons. 83 Inflammables au-dessous de 33°.
Amorces et artifices........	302	302 Dont la vente libre est interdite.
Divers....................	577	499 Bons. 78 Non marchands pour causes diverses.
Embaumements	64	
TOTAL..........	21,784	analyses faites (1).

(1) Les résultats présentés par ce tableau ne doivent pas être interprétés d'une manière défavorable au commerce. Il ne faut pas oublier que les échantillons soumis au laboratoire sont présumés mauvais, ou tout au moins douteux.

Le laboratoire municipal a coûté à la ville de Paris, depuis son installation, 2,568,000 francs.

Etat des sommes dépensées annuellement depuis 1871 pour le Laboratoire municipal.

Année		
1878	9.211	53
1879	49.470	15
1880	56.566	46
1881	177.184	31
1882	132.509	22
1883	203.399	04
1884	205.328	64
1885	224.895	67
1886	222.678	64
1887	237.216	30
1888	241.384	91
1889	241.325	96
1890	275.853	83
1891	290.546	86
Total	2.567.571	52

INSPECTION DE LA BOUCHERIE ET DES HALLES ET MARCHÉS.

Une surveillance incessante est exercée par les inspecteurs de la boucherie et par ceux des Halles et marchés sur les viandes et denrées amenées chaque jour pour l'alimentation de la population parisienne.

L'inspection de la boucherie n'a cessé d'être améliorée et développée depuis 1871. Les inspections des ventes en gros et au détail dans les halles et marchés ont été complétement réorganisées, la première en 1879, la seconde en 1883.

L'inspection de la boucherie a pratiqué en 1891 la saisie de 857,664 kilogrammes de viandes avariées, dans Paris, et de 27,013 kilogrammes dans la banlieue.

Les saisies opérées par le service de l'Inspection de la vente au détail aux Halles centrales se sont élevées en 1891 à 2,054, portant sur 288 pièces de gibier, volaille et viandes cuites, et 2,826 kilogrammes de fruits, légumes, poisson, beurre et charcuteries diverses.

Dans les pavillons affectés à la vente en gros il y a eu, pendant la même année, 17,143 saisies ainsi réparties:

Viandes, fruits, légumes, poisson, beurre, champignons et plantes médicinales, 559,052 kilogrammes, dans lesquels la viande entre pour près de 220,000 kilogrammes, et le poisson pour 240,000 kilogrammes environ; volaille, gibier, huîtres, œufs, 580,074. Les œufs figurent dans cette nomenclature pour 570,000.

Les dépenses diverses de personnel et de matériel de l'inspection de l'alimentation, non comprises dans les comptes du Laboratoire municipal, se sont élevées depuis 1871, à 7,944,000 francs.

HALLES ET MARCHÉS.

Pour faire bien comprendre l'importance et le fonctionnement des services de surveillance de l'alimentation, il semble nécessaire de donner un aperçu sommaire de l'organisation des halles et marchés à Paris.

Le centre d'alimentation est constitué par les Halles centrales où, pendant la nuit, affluent de tous les points de la France et de l'étranger les denrées destinées à être consommées dans la journée du lendemain. Ces denrées sont achetées en gros par les revendeurs en boutique, les marchands pourvus de petites voitures et les marchands au panier. Les revendeurs en boutique sont des commerçants ordinaires, payant patente. Les marchands ambulants poussant une voiture ou colportant leurs marchandises dans un panier ne sont pas soumis à cet impôt. Ils doivent être munis d'une médaille délivrée par la préfecture de Police. C'est au moyen de cette médaille qu'ils justifient de l'autorisation qui leur a été accordée. Cette autorisation n'est donnée en principe qu'aux veuves, aux vieillards, et en général à des personnes incapables de se livrer à un travail actif, c'est donc une véritable mesure de bienfaisance. Ces marchands vendent dans les rues et peuvent stationner, pendant un temps déterminé, sur les emplacements où ils ne gênent pas la circulation.

Des marchés sont installés dans les divers quartiers. Les uns sont des édifices rappelant en petit l'architecture des Halles ; les autres, dits marchés découverts, sont formés d'abris mobiles qui disparaissent à l'heure de la clôture. Dans les marchés couverts sont installés à poste fixe des marchands dont l'étal est en fait un magasin permanent. Plusieurs jours par semaine, trois en général, les cultivateurs de la banlieue viennent également y mettre en vente leurs produits, comme dans les marchés découverts.

Les marchés de quartier sont, ou concédés à des compagnies, ou exploités directement par la Ville.

Plusieurs pavillons des Halles centrales consacrés à la vente au détail forment un véritable marché de quartier.

En 1871 les marchés, non compris les Halles centrales, se décomposaient ainsi:

Marchés alimentaires concédés..	20
— — en régie (couverts)......................................	7
— — — (découverts).....................................	8
Marchés aux fleurs..	4
— à la friperie (concédé)...	1
— aux vieux linges..	2
— aux oiseaux..	1
Total..........	43

Depuis 1871, ont été créés :

1° Marchés couverts exploités en régie.

Marché Nicole (Transformation du marché découvert en marché couvert). — Ouvert le 1er juin 1875.

Marché des Martys (Transformation du marché découvert en marché couvert). — Ouvert le 1er juillet 1878.

Marché de l'Ave-Maria (Transformation du marché découvert en marché couvert). — Ouvert le 21 avril 1879,

Marché alimentaire du Temple. — Ouvert le 16 janvier 1882.

Marché de Wagram (Transformation du marché découvert en marché couvert). — Ouvert le 15 mars 1886.

2° Marchés découverts.

Marché de Joinville. — Ouvert le 17 février 1873.
— de Clignancourt. — Ouvert le 1er décembre 1873.
— de Breteuil. — Ouvert le 1er décembre 1873.
— du Cours-la Reine. — Ouvert le 3 décembre 1873.
— Dupleix. — Ouvert le 7 mai 1879.
— de Javel. — Ouvert le 1er septembre 1879.
— de la Gare. — Ouvert le 23 juin 1880.
— Edgar-Quinet. — Ouvert le 18 juillet 1883.
— Richard-Lenoir. — Ouvert le 4 avril 1884.
— d'Alésia. — Ouvert le 18 novembre 1885.
— Ordener. — Ouvert le 26 mars 1888.
— Belgrand. — Ouvert le 3 octobre 1888.
— de Tolbiac. — Ouvert le 7 septembre 1890.
— Général-Brunet. — Ouvert le 1er mai 1992.

3° Marchés aux fleurs (1).

Marché du boulevard de Clichy. — Ouvert le 1er novembre 1873.
— de la place Voltaire. — Ouvert le 1er avril 1874.
— de l'avenue des Ternes. — Ouvert le 1er août 1874.
— de Passy. — Ouvert le 1er mai 1877.
— du boulevard des Batignolles. — Ouvert le 2 avril 1879.
— du boulevard Raspail. — Ouvert le 7 avril 1889.

4° Marché aux oiseaux.

Marché du boulevard Raspail. — Ouvert le 10 juillet 1890.

---

(1) N'est pas compris dans cette nomenclature un marché aux fleurs établi le 25 juillet 1887 sur le boulevard de La Chapelle et supprimé le 1er juin 1892.

La situation actuelle est donc celle-ci :

Marchés alimentaires concédés..	20
— alimentaires en régie (couverts)...	12
— alimentaires découverts...	19
— aux fleurs...	10
— à la friperie (concédé)..	1
— aux vieux linges (1)..	1
— aux oiseaux	2
	65

Augmentation depuis 1871, 22.

Marché aux bestiaux et abattoir de La Villette. — C'est à La Villette que sont réunis les arrivages des bestiaux et de la viande (2).

L'établissement, créé en 1867, comportait à cette époque trois halles de vente, trois bouveries, une bergerie, une porcherie et divers services accessoires. Telle était encore, en 1871, l'installation du marché et de l'abattoir. Ils s'étendaient alors sur une superficie de 210,932 mètres.

Depuis cette époque, la progression croissante des affaires a nécessité les additions dont l'énumération suit : 3 bouveries, 12 resserres de 4 mètres superficiels pour les abreuvoirs de veaux ; 4 parcs de comptage supplémentaires ; 13 préaux de vente sous la halle aux porcs; une étable et une cour de vente pour les vaches laitières ; une morgue, pour les animaux morts en cours de trajet, et plusieurs petites bergeries.

236 mètres de terrain ont été en outre loués pour être annexés au marché.

En même temps de nombreuses améliorations ont été introduites dans le service. Depuis le 23 avril 1888, le marché est tous les jours désinfecté avec le plus grand soin; le pavage a été refait en entier avec joints en ciment, etc. Mais l'innovation la plus importante a été la création du sanatorium.

Sanatorium. — Depuis plusieurs années le nombre des bestiaux envoyés vivants à La Villette, particulièrement des moutons, diminuait dans une proportion considérable, pour diverses raisons dont la principale était la fermeture de la frontière aux animaux de provenance austro-hongroise et allemande, pays dans lesquels régnait une épidémie de fièvre aphteuse. Ils étaient remplacés par des arrivages de viande abattue expédiée dans des wagons maintenus à la température de $+ 2°$ environ. Cette modification dans les procédés des pourvoyeurs habituels du marché avait pour effet de priver de travail les ouvriers de l'abattoir et de gêner, par le défaut de matière première, les industries qui traitent les issues, parcheminerie, peausserie, maroquinerie, boyauderie, etc.

---

(1) Un marché aux vieux linges établi à La Villette a été supprimé le 3 mars 1885.

(2) La construction d'un second abattoir sur la rive gauche est décidée en principe. Les travaux vont commencer incessamment.

Afin de remédier à cet état de choses, des propositions furent faites à M. le ministre du Commerce tendant à autoriser l'arrivée des animaux dans des wagons qui ne seraient dédouanés qu'aux abattoirs, afin que les bestiaux fussent examinés dans de bonnes conditions et que, s'il s'en trouvait de malades, ils ne pussent contaminer les autres.

On proposa, en outre, la construction d'une sorte de lazaret ou sanatorium, dans lequel ils prendraient place.

Cette combinaison ayant été acceptée, le Conseil municipal décida, le 17 avril 1890, l'installation du sanatorium ; cette construction devait coûter 70,000 francs.

Les nouvelles dispositions douanières votées par le Parlement ayant décuplé le droit dont étaient frappées les viandes abattues, il fut reconnu nécessaire en 1891 de donner une grande extension au sanatorium et d'en hâter l'ouverture, sous peine de voir augmenter dans de fortes proportions le prix de la viande de mouton. La question cessait d'intéresser seulement quelques industries spéciales, elle devenait d'intérêt général. Aussi, le 4 novembre 1891, une nouvelle délibération fixa-t-elle à 306,000 francs le crédit destiné aux travaux, dont fut chargée à forfait la compagnie régisseur du marché aux bestiaux de La Villette, qui fut autorisée à percevoir 10 centimes par mouton pénétrant dans le lazaret.

Le sanatorium a été inauguré le 1er février 1892 et, depuis cette époque, il n'a cessé de fonctionner dans d'excellentes conditions.

ENSEIGNEMENT DE LA PISCICULTURE A L'AQUARIUM DU TROCADÉRO.

La ville de Paris entretient depuis 1884 à l'aquarium du Trocadéro un cours de pisciculture destiné à favoriser le repeuplement des rivières avoisinant Paris et l'acclimatation dans leurs eaux d'espèces nouvelles. Cet enseignement a pour but, tout en créant aux riverains une source de revenu, d'alimenter les marchés de produits délicats et d'un prix relativement peu élevé.

La dépense s'est élevée de ce chef à 66,000 francs, depuis 1884.

SECOURS — ASSISTANCE

SECOURS-ASSISTANCE

Les moyens d'assistance et de secours sont en grande partie concentrés entre les mains de l'administration générale de l'Assistance publique (1). En outre la Préfecture de la Seine et la Préfecture de Police disposent directement de divers services de secours exclusivement alimentés au moyen de leurs budgets.

---

(1) L'administration générale de l'Assistance publique *à Paris* constitue un organisme spécial distinct de l'Assistance publique *en France*, avec laquelle il ne faut pas la confondre.

ASSISTANCE PUBLIQUE

L'Assistance publique est une personne civile possédant des ressources propres qui lui proviennent de ses revenus et des dons et legs qu'elle reçoit journellement, dont les uns entrent dans l'ensemble de ses recettes et dont les autres sont spécialement affectés à des fondations particulières. Mais ces ressources sont insuffisantes pour pourvoir à tous ses besoins et chaque année la ville de Paris lui accorde une subvention destinée à parfaire son budget ordinaire. Cette allocation, qui était de 10,513,338 francs en 1871, s'est élevée à 18,084,500 francs en 1891. Le total des sommes versées à ce titre entre les mains de l'Assistance publique a atteint, pendant la période comprise entre ces deux dates, près de 303 millions.

État des sommes dépensées annuellement depuis 1871 pour subvention ordinaire à l'Assistance publique.

Année	1871	10.513.338 »
—	1872	12.342.450 »
—	1873	10.840.000 »
—	1874	11.220.000 »
—	1875	11.200.000 »
—	1876	10.932.219 »
—	1877	10.690.000 »
—	1878	11.370.000 »
—	1879	12.068.700 »
—	1880	12.945.365 »
—	1881	13.029.494 »
—	1882	15.631.560 »
—	1883	17.071.000 »
—	1884	17.607.000 »
—	1885	18.181.880 »
—	1886	17.679.848 »
—	1887	17.644.800 »
—	1888	17.999.590 »
—	1889	17.850.112 10
—	1890	17.873.850 »
—	1891	18.084.500 »
	Total	302.775.706 10

Toutes les fois que des dépenses extraordinaires un peu importantes sont engagées, c'est encore la ville de Paris qui y fait face au moyen de subventions spéciales. C'est ainsi que, depuis 1871, 30 millions ont été consacrés à l'amélioration et à l'extension du service hospitalier.

Hôpitaux et hospices. — Le tableau ci-dessous présente la comparaison des établissements hospitaliers existant en 1871 et en 1891.

HOPITAUX. — HOSPICES. — MAISONS DE RETRAITE. — FONDATIONS.

HÔPITAUX GÉNÉRAUX.

En 1871	En 1891
Hôtel-Dieu.	Hôtel-Dieu.
Pitié.	Pitié.
Charité.	Charité.
Saint-Antoine.	Saint-Antoine.
Necker.	Necker.
Cochin.	Cochin.
Beaujon.	Beaujon.
Lariboisière.	Lariboisière.
Laënnec.	Laënnec.
	Tenon (1878).
	Bichat (1882).
	Andral (1882).
	Broussais (1883).
	Hôpital temporaire de la rue Pascal (annexe de Lourcine, 1887).
	Hôpital temporaire d'Aubervilliers (varioleux).

HÔPITAUX SPÉCIAUX.

En 1871	En 1891
Saint-Louis.	Saint-Louis.
Midi.	Midi.
Lourcine.	Lourcine.
Maternité.	Maternité.
Cliniques (1).	Clinique d'accouchement rue d'Assas (1881).
	Clinique d'accouchement Baudelocque (1889).

HÔPITAUX D'ENFANTS.

En 1871	En 1891
Sainte-Eugénie (2).	Trousseau.
Enfants-Malades.	Enfants-Malades.
Forges.	Forges.
La Roche-Guyon.	La Roche-Guyon.
Berck.	Berck.

---

(1) L'hôpital des Cliniques, qui existait en 1871 et qui comprenait plusieurs services, a été démoli en 1877 et reconstruit sur l'emplacement qu'il occupe aujourd'hui. L'inauguration du nouvel établissement a eu lieu le 4 mai 1881. La maison a pris le nom de Clinique d'accouchement de la rue d'Assas et ne comprend plus qu'une seule clinique d'accouchement.

(2) Actuellement Trousseau.

HÔPITAUX.

Séjour payant.

En 1871	En 1891
Maison de santé.	Maison de santé.
Hôpital du Midi (services spéciaux).	Hôpital du Midi (services spéciaux).
Hôpital Saint-Louis (services spéciaux).	Hôpital Saint-Louis (services spéciaux).
Hospice des Enfants-Assistés.	Hospice des Enfants-Assistés.
	Annexe à Thiais (Seine-et-Oise).

HOSPICES.

Séjour gratuit.

Bicêtre.	Bicêtre.
Salpêtrière.	Salpêtrière.
Ivry.	Ivry (56 lits sont réservés aux garçons incurables de moins de vingt ans).
	Brévannes (1885).

MAISONS DE RETRAITE.

Séjour payant.

Ménages.	Ménages.
La Rochefoucauld.	La Rochefoucauld.
Institution Sainte-Périne.	Institution Sainte-Périne.

FONDATIONS (1).

(Établissements jouissant d'un revenu propre).

Séjour gratuit.

Saint-Michel (fondation Boulard).	Saint-Michel.
La Reconnaissance (fondation Brézin).	Lenoir-Jousseran (1880).
Fondation Devillas.	La Reconnaissance.
	Devillas.
	Riboutté-Vitallis (orphelinat, 1882).
	Fondation Galignani frères (moitié des lits) (1889).
	Fondation Rossini (1889).
	Fondation Fortin (orphelinat annexé à l'hôpital, 1891).
	Fondation Dheur (La Roche-Guyon, 1891).

---

(1) En construction : hospice Debrousse (fondation Alquier).

Séjour payant.

En 1871	En 1891
Fondation Chardon-Lagache.	Fondation Chardon-Lagache.
Asile Lambrechts (hospice-orphelinat).	Asile Lambrechts (1).
	Fondation Galignani frères (moitié des lits).

Le nombre des lits budgétaires, qui n'était que de 20,175 en 1872, s'est élevé à 25,089 en 1891, mais ce chiffre est toujours dépassé par l'installation de brancards provisoires lorsque les malades affluent, dans les périodes de misère, et pendant la mauvaise saison.

Laïcisation. — Avant 1871, presque tous les établissements hospitaliers étaient placés sous la surveillance de religieuses de divers ordres. Cette organisation présentait des inconvénients graves, tant au point de vue de la liberté de conscience et de la tranquillité des malades, qu'au point de vue du service du personnel inférieur.

Les hôpitaux reçoivent indistinctement des catholiques, des protestants, des israélites, des libres-penseurs et des indifférents. Le principe du respect absolu dû aux convictions religieuses ou philosophiques des malheureux obligés de recourir à l'Assistance publique n'est plus aujourd'hui contesté que par une infime minorité de fanatiques. Or les sœurs, plus elles étaient pieuses, plus elles étaient sincères, c'est-à-dire meilleures elles étaient, plus elles tourmentaient les malades pour obtenir d'eux une conversion qui devait sauver leur âme. Il est bien évident qu'aucune instruction, aucun ordre ne pouvaient prévaloir contre ce qui était à leurs yeux un devoir rigoureux. Il fallait donc ou leur demander de renoncer à leur raison d'être ou les laisser maîtresses de harceler sans cesse les hospitalisés pour leur imposer leur foi. Ni l'une ni l'autre de ces solutions n'était acceptable.

D'un autre coté les infirmières, les filles de service et le personnel secondaire étaient relégués à tout jamais dans des situations subalternes voisines de la domesticité. Il leur était impossible d'espérer en sortir, puisque tous les emplois d'un ordre plus élevé étaient entre les mains des congréganistes. Il en résultait que le recrutement était mauvais. On entrait au service hospitalier parce qu'on était sans pain et on se hâtait d'en sortir, aussitôt qu'on le pouvait. En outre, la nécessité d'assurer quand même l'embauchage obligeait à prendre des personnes qui ne présentaient pas toujours des garanties désirables.

Il en est autrement aujourd'hui que, grâce à la laïcisation et aux écoles d'infirmiers et d'infirmières, les serviteurs les plus humbles peuvent espérer, par leur travail et leur bonne conduite, conquérir des positions respectées et suffisamment rémunérées pour assurer leur existence.

Actuellement, il ne reste plus que 7 établissements dont le personnel ne soit pas entièrement laïque.

---

(1) L'asile Lambrechts n'est pas sous la dépendance directe de l'administration de l'Assistance publique; celle-ci n'a qu'un droit de contrôle de la comptabilité de cet établissement, mais n'y a aucune place à sa disposition.

Ce sont : l'Hôtel-Dieu et les hôpitaux Saint-Louis et de Berck-sur-Mer, dont la laïcisation décidée en principe n'a pu être encore réalisée, par suite de difficultés particulières, mais n'est plus qu'une question de temps ; l'hospice Brezin, les maisons de retraite Chardon-Lagache et Galignani, et l'hôpital de la Roche-Guyon, fondations pour lesquelles la présence des religieuses a été imposée par les donateurs.

L'hôpital Laënnec a été laïcisé le 1er décembre 1878.

L'hôpital de la Pitié a été laïcisé le 1er octobre 1880.

La maison de retraite Larochefoucauld a été laïcisée le 1er janvier 1881.

L'hospice des Ménages a été laïcisé le 1er janvier 1881.

L'hôpital Saint-Antoine a été laïcisé le 1er août 1881.

— Lourcine a été laïcisé le 1er juin 1882.

— Tenon a été laïcisé le 1er juin 1882.

L'hospice d'Ivry a été laïcisé le 1er février 1885.

L'hôpital Cochin a été laïcisé le 21 décembre 1885.

L'hospice des Enfants-Assistés a été laïcisé le 1er avril 1886.

L'hôpital Necker a été laïcisé le 28 octobre 1886.

— des Enfants-Malades a été laïcisé le 28 octobre 1886.

— de Forges-les-Bains a été laïcisé le 28 octobre 1886.

— Trousseau a été laïcisé le 1er avril 1887.

— Lariboisière a été laïcisé le 15 septembre 1887.

— Beaujon a été laïcisé le 1er octobre 1887.

— de la Charité a été laïcisé le 23 janvier 1888.

Tous les autres établissements sont desservis par des laïques.

Écoles d'infirmiers et d'infirmières. — Afin de perfectionner les connaissances du personnel hospitalier et de lui permettre d'atteindre aux emplois supérieurs, trois écoles d'infirmiers et d'infirmières ont été créées, à la Salpêtrière, le 1er avril 1878; à Bicêtre, le 20 mai 1878 ; à la Pitié, le 10 mai 1881.

Les cours portent sur les matières suivantes :

Administration et comptabilité hospitalières.

Anatomie.

Physiologie.

Pansement et petite chirurgie.

Hygiène.

Petite pharmacie.

Soins à donner aux femmes en couches et aux nouveau-nés.

Exercices pratiques.

Indépendamment de l'enseignement professionnel, les élèves des écoles de Bicêtre et de la Salpêtrière reçoivent l'enseignement primaire.

Bien que les cours professionnels de ces écoles soient principalement destinés aux infirmiers et infirmières des hôpitaux, ils sont également suivis par deux autres catégories d'élèves : les boursières et les élèves libres.

Depuis 1883, des diplômes sont décernés en fin d'études aux élèves qui ont satisfait aux examens de sortie.

Développement de l'enseignement dans les écoles d'infirmiers et d'infirmières.

ANNÉES SCOLAIRES	NOMBRE D'ÉLÈVES QUI ONT SUIVI LES COURS			NOMBRE DE DIPLOMES OBTENUS		
	Hommes	Femmes	Total	Hommes	Femmes	Total
Mai à juillet 1878	42	25	67	»	»	»
1878-1879	37	268	305	»	»	»
1879-1880	83	213	296	»	»	»
1880-1881	100	304	404	»	»	»
1881-1882	104	263	367	»	»	»
1882-1883	132	279	411	1	25	26
1883-1884	138	287	425	3	17	20
1884-1885	145	339	484	5	63	68
1885-1886	221	442	663	7	62	69
1886-1887	223	504	727	18	133	151
1887-1888	224	468	692	42	175	217
1888-1889	204	471	675	32	135	167
1889-1890	193	449	642	58	118	176
1890-1891	200	547	747	63	190	253

Les écoles d'infirmiers et d'infirmières ont coûté, depuis 1878, 429,000 francs.

Bibliothèques médicales. — Laboratoires. — De nombreux laboratoires et des bibliothèques sont installés dans les hôpitaux, à la disposition des médecins et des internes, qui peuvent ainsi, les uns se livrer à des recherches scientifiques, les autres compléter leur instruction médicale.

Les laboratoires des établissements hospitaliers comprennent :

1° Les laboratoires de l'Assistance publique : laboratoires mis à la disposition des chefs de service de médecine et de chirurgie ; laboratoires des pharmaciens des hôpitaux ;

2° Les laboratoires annexés aux cliniques de la Faculté de médecine établies dans les hôpitaux et entretenus par l'Assistance publique.

HOSPICES ET HOPITAUX	LABORATOIRES	ASSISTANCE PUBLIQUE		FACULTÉ DE MÉDECINE
		CHEFS de service	PHARMACIENS	
Hôtel-Dieu.............................	5	1	1	3
Pitié..................................	9	6	1	2
Charité...............................	4	1	1	2
Saint-Antoine..........................	11	10	1	»
Necker................................	8	4	1	3
Cochin................................	4	3	1	»
Beaujon...............................	1	»	1	»
Lariboisière...........................	8	7	1	»
Tenon.................................	15	13	2	»
Andral................................	1	1	»	»
Laënnec...............................	8	7	1	»
Bichat................................	4	3	1	»
Broussais.............................	3	3	»	»
Saint-Louis...........................	9	7	1	1
Midi..................................	2	1	1	»
Lourcine..............................	4	3	1	»
Maternité.............................	1	»	1	»
Clinique Baudelocque..................	1	»	»	1
Clinique..............................	2	»	1	1
Enfants-Malades.......................	3	1	1	1
Trousseau.............................	5	4	1	»
Bicêtre...............................	2	1	1	»
Salpêtrière...........................	7	5	1	1
Ivry..................................	1	»	1	»
Maison de santé.......................	1	»	1	»
TOTAUX.........	119	81	23	15

Les bibliothèques médicales ont toutes, sauf six, été créées postérieurement à 1871; elles sont actuellement au nombre de 51, ainsi réparties :

    Destinées aux internes en médecine........ 25........ 24.700 volumes.
        Id.   id.   pharmacie....... 24........ 5.650 id.
    Bibliothèque Ricord (hôpital du Midi)...... 1........ 2.400 id.
    Bibliothèque de l'hôpital Saint-Louis ...... 1........ 5.569 id.
                                  Total.......... 38.319

Une nouvelle bibliothèque provenant de la donation Godard et Passant viendra bientôt s'y adjoindre.

Des subventions spéciales, s'élevant à 189,000 francs, ont été allouées, depuis 1871, pour la création et l'entretien de bibliothèques et de nouveaux laboratoires.

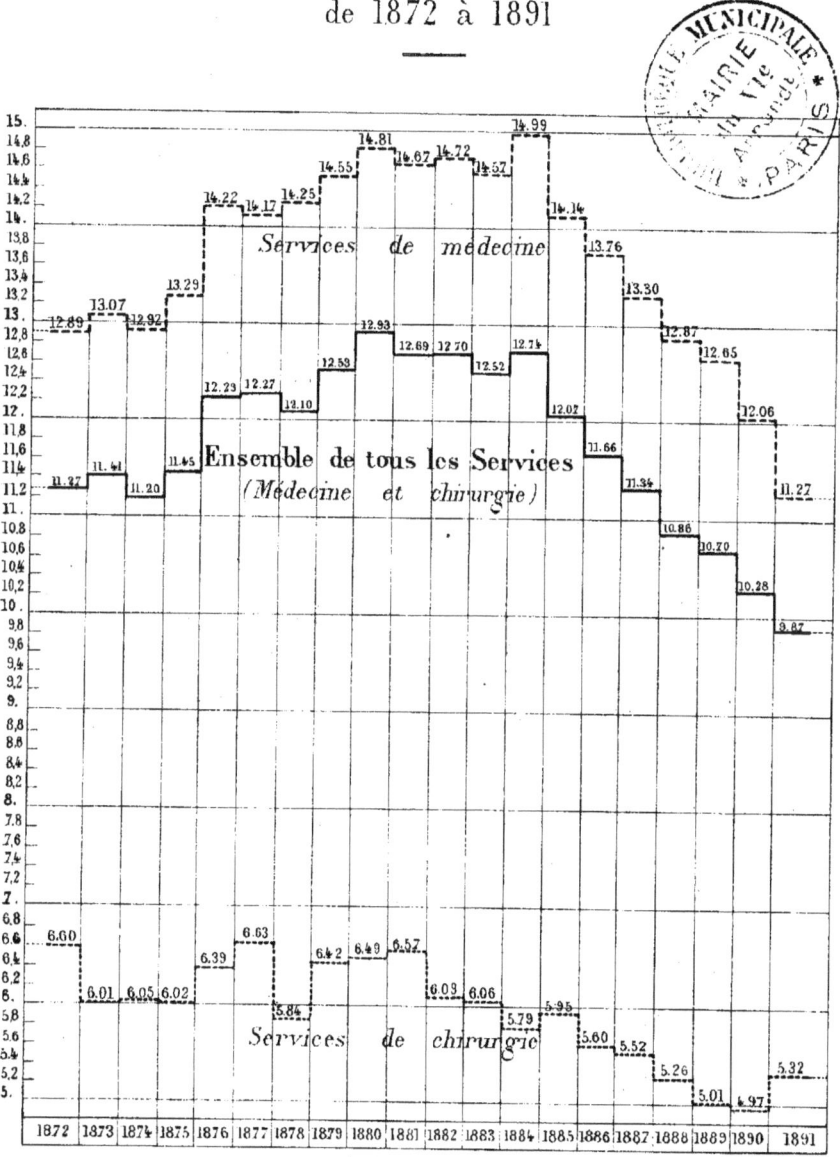

Diminution de la mortalité dans les hôpitaux. — Les efforts tentés pour améliorer les conditions des malades dans les hôpitaux et pour leur procurer les soins les plus complets et les plus éclairés ne sont pas restés sans résultat. Les effets se sont, il est vrai, fait attendre parce que Paris a traversé une crise générale de 1876 à 1884, dont s'est ressentie la mortalité dans les établissements de l'Assistance publique, mais depuis 1885 (depuis 1881 pour les services de chirurgie) le nombre des décès, par rapport aux entrées, suit une progression décroissante à peu près régulière.

Le chiffre le plus élevé pour l'ensemble des malades a été atteint en 1880, il était de 12.93 %, il est actuellement descendu à 9,87. Les services de médecine ont donné, en 1884, 14,99 %, ils ne présentent plus que 11,27 % en 1891. Enfin, les décès dans les services de chirurgie ont eu leur maximum, 6,63 %, en 1877. Ils sont tombés à 5,32 en 1891, après n'avoir été que de 4,97 en 1890. Tout fait prévoir que cette augmentation relative ne sera que passagère.

Entrées et décès dans les hôpitaux (1872-1891).

ANNÉES	SERVICES DE MÉDECINE		SERVICES DE CHIRURGIE		TOTAUX	
	Entrées	Décès	Entrées	Décès	ENTRÉES	DÉCÈS
1872	62,837	8,105	21,851	1,443	84,688	9,548
1873	62,991	8,237	20,980	1,262	83,271	9,499
1874	60,945	7,877	20,396	1,235	81,341	9,112
1875	62,793	8,348	21,286	1,281	84,079	9,629
1876	66,261	9,425	22,713	1,453	88,974	10,878
1877	67,323	9,540	22,656	1,503	89,979	11,043
1878	66,227	9,439	22,710	1,326	88,937	10,765
1879	72,086	10,478	23,680	1,520	95,766	11,998
1880	80,864	11,981	25,209	1,637	106,073	13,618
1881	81,757	11,996	26,457	1,739	108,214	13,735
1882	87,547	12,888	26,819	1,634	114,366	14,522
1883	84,033	12,245	26,658	1,617	110,691	13,862
1884	85,377	12,804	27,649	1,601	113,026	14,405
1885	84,221	11,914	28,580	1,701	112,801	13,615
1886	89,530	12,317	31,040	1,737	120,570	14,054
1887	92,077	12,250	31,035	1,714	123,112	13,964
1888	92,664	11,926	33,160	1,745	125,824	13,671
1889	100.816	12,750	34,575	1,732	135,391	14,482
1890	108,211	13,048	36,300	1,804	144,511	14,852
1891	119,530	13,469	36,651	1,951	156,181	15,420

BUREAUX DE BIENFAISANCE.

Un bureau de bienfaisance est institué dans chacun des arrondissements de Paris, sous la surveillance et le contrôle, plutôt que sous la direction effective, de l'Assistance publique. Il vient en aide aux malheureux au moyen de secours en argent et quelquefois en nature, les uns périodiques, les autres accidentels, selon les catégories de personnes et les circonstances, par le traitement des malades à domicile ou à la consultation, et par la délivrance gratuite de médicaments.

Les ressources ont pour origine une allocation dont le montant est fixé, pour chaque bureau, d'après la règle établie par un décret de 1886, les revenus provenant de legs ou de donations, les quêtes. En outre, lorsque par suite de conditions particulières un déficit s'est produit dans le budget d'un bureau de bienfaisance, la ville de Paris ne s'est jamais refusée à le combler au moyen d'une subvention spéciale. Elle a dépensé de ce chef (1) et en allocations particulières pour secours individuels 1,050,000 francs depuis 1871.

Les soins médicaux sont assurés par des médecins et des sages-femmes dont le nombre varie selon l'importance de la population assistée de chaque arrondissement.

Les secours en argent ou en nature sont distribués soit à la mairie, soit dans les maisons de secours.

101,719 indigents ont été secourus en 1872, leur nombre s'est élevé à 133,649 en 1886. Les prescriptions nouvelles mises en vigueur en 1887, auxquelles la municipalité parisienne a été complètement étrangère, en ont réduit le chiffre à 94,248, divisé en 51,227 indigents proprement dits et 43,021 nécessiteux. Il y a eu, en 1891, 137,844 assistés.

Les dépenses des bureaux de bienfaisance, qui n'étaient que de 4,634,000 francs en 1872, ont dépassé 9,200,000 francs en 1891.

Des essais sont en cours dans les VIIe et IIIe arrondissements en vue d'étudier, dans le premier un nouveau mode de fonctionnement du traitement des malades à domicile, dans le second un système meilleur d'attribution des secours.

---

(1) Ces subventions, très rares autrefois, sont devenues fréquentes depuis l'application du décret de 1886, dont la modification est en ce moment à l'étude.

Nombre de personnes secourues par les bureaux de bienfaisance et dépenses de ces établissements de 1872 à 1891.

ANNÉES	DÉPENSES	NOMBRE D'INDIGENTS secourus	OBSERVATIONS		
1872	4,633,817 42	101,719			
1873	4,799,954 45	125,039			
1874	5,031,727 37	113,733			
1875	5,044,533 13	127,148			
1876	5,163,779 60	129,592	A partir de 1887, les personnes secourues se subdivisent en indigents proprement dits et nécessiteux (application du décret de 1886).		
1877	5,292,956 30	113,317			
1878	5,132,586 06	130,002			
1879	5,339,835 81	130,002			
1880	5,759,076 19	123,735			
1881	5,962,754 74	141,836	ANNÉES	INDIGENTS	NÉCESSITEUX
1882	6,764,896 49	141,715			
1883	7,835,135 32	140,585			
1884	8,634,679 05	144,864	1887	51,227	43,021
1885	8,694,206 80	145,790	1888	50,228	49,693
1886	8,587,753 55	133,649	1889	58,276	50,434
1887	9,091,334 31	94,248	1890	61,201	60,130
1888	8,869,423 08	99,921	1891	65,705	72,139
1889	8,969,834 53	108,710			
1890	9,715,922 76	121,331			
1891	9,211,613 78	137,844			
Totaux	138,535,820 74	(1) 2,504,780			

(1) Ce nombre ne représente pas 2,504,780 personnes distinctes, parce que la plupart des indigents reçoivent des secours pendant plusieurs années et figurent ainsi sur chacun des tableaux annuels.

ASSISTANCE DE L'ENFANCE.

Secours aux mères nécessiteuses. — Beaucoup de mères, soit que leur mari ou leur amant les ait abandonnées, ou pour toute autre cause, ne peuvent élever leurs enfants et se voient contraintes de les abandonner. Afin de prévenir cet abandon, toutes les fois que cela est possible, un crédit est inscrit chaque année au budget de l'Assistance publique et destiné à venir en aide à ces malheureuses, pour leur permettre de conserver leur enfant auprès d'elles. 24,155 secours ont été ainsi distribués en 1874 (1). Leur nombre dépasse actuellement 50,000.

La subvention spéciale fournie par la ville de Paris pour cet objet lui a coûté 1,590,000 francs depuis 1871.

Écoles installées dans les hôpitaux. — Les enfants atteints de maladies chroniques perdraient un temps précieux pour leur instruction, s'ils restaient abandonnés à eux-mêmes, pendant la durée, souvent fort longue, de leur traitement. Aussi l'Assistance publique a-t-elle installé dans divers hôpitaux des écoles spéciales pour les petits malades. Grâce au dévouement de son personnel enseignant, elle parvient aussi à faire pénétrer des connaissances élémentaires dans le cerveau affaibli des enfants arriérés, idiots ou épileptiques.

Ces écoles sont au nombre de huit :

1° École des teigneux de l'hôpital Saint-Louis, à laquelle est annexé un demi-pensionnat pour les enfants qui ne couchent pas à l'hôpital. — 281 élèves en 1891.

Le demi-pensionnat et la distribution de prix font l'objet d'allocations spéciales qui, depuis 1887, date de la première, se sont élevées à 183,000 francs.

2° Hôpital des Enfants-Malades, école suivie par les enfants estropiés et par ceux dont la maladie permet l'envoi en classe. — 122 élèves en 1891.

3° Hôpital Trousseau, école également destinée aux enfants en traitement dans cet établissement. — 129 élèves en 1891.

4° Hôpital de La Roche-Guyon, école s'adressant aux convalescents des hôpitaux des Enfants-Malades et Trousseau. — 350 élèves en 1891.

5° Hôpital de Berck, école suivie par ceux des 700 enfants (rachitiques, scrofuleux et atteints d'affections similaires) qui sont en état d'aller aux cours.

6° Hospice des Enfants-Assistés, école destinée aux enfants assistés et moralement abandonnés. Le nombre des élèves, essentiellement variable, est en moyenne de 30 filles et de 45 garçons.

7° Bicêtre, école très importante par ses résultats, destinée aux enfants épileptiques, idiots, imbéciles, arriérés, pervers ou hystéro-épileptiques.

Elle a été réorganisée en 1879.

Elle comptait en 1891 :

Grande école, 292 élèves ;

Petite école, 212 élèves.

8° La Salpêtrière, école spéciale pour les filles arriérées, épileptiques, aliénées et idiotes. — 115 élèves en 1891.

---

(1) Les statistiques antérieures n'existent pas.

Enfants assistés. — La ville de Paris fournit un contingent pour les dépenses extérieures du service des Enfants assistés; aussi, bien que cette institution ne soit pas municipale, elle doit figurer ici en raison des sommes considérables qui lui ont été allouées sur le budget parisien, depuis 1871 (14,684,000 fr.).

Le service des Enfants assistés est un service départemental dont le Conseil général règle le fonctionnement par ses délibérations (loi de 1866). Dans le département de la Seine, le directeur de l'Assistance publique a la tutelle des enfants assistés (loi de 1849).

Il doit exister dans chaque département un hospice dépositaire. L'établissement désigné pour le département de la Seine est l'hospice des Enfants-Assistés, rue Denfert-Rochereau.

Les enfants assistés proprement dits, c'est-à-dire les enfants trouvés, abandonnés ou orphelins, y sont reçus, qu'ils soient naturels ou légitimes et quel que soit leur âge.

Les admissions se font à bureau ouvert. Un certain nombre de questions sont posées dans l'intérêt de l'enfant à la personne qui se présente pour opérer l'abandon, mais celle-ci est prévenue que la réponse à ces questions n'est pas obligatoire. On obéit avant tout à cette double préoccupation : assurer la vie de l'enfant et le secret des familles.

Tout enfant admis est immatriculé immédiatement; il est en même temps confié à une nourrice qui l'emmène à la campagne. Ceux qui sont malades ou suspects sont gardés pour être soignés à l'infirmerie de l'hospice.

Les enfants assistés du département de la Seine sont répartis dans une série de circonscriptions extérieures désignées sous le nom d'agences. Le même nourricier ne peut en avoir plus de trois en même temps.

Des directeurs d'agence et des médecins sont chargés, dans ces agences, des placements et de l'application de toutes les mesures prescrites pour assurer le bien-être et la bonne éducation.

Le médecin visite l'enfant à son arrivée dans la circonscription, il visite une seconde fois les enfants à lait dans le courant du mois de leur arrivée ; il doit une visite par mois aux nourrissons d'un jour à un an (1), une par trimestre aux enfants d'un an à treize ans, et autant de visites qu'il est nécessaire lorsqu'ils sont malades ou blessés.

Les enfants sont placés chez des nourriciers jusqu'à leur treizième année, moyennant un prix de pension qui varie suivant les âges : 25 francs pour la première année, 20 francs pour la seconde, 15 francs pour la troisième, 13 francs pour la quatrième et jusqu'à la fin de la treizième.

Jusqu'à douze ans accomplis, l'habillement est à la charge de l'Administration.

A partir de treize ans, soit qu'ils restent chez leurs nourriciers, soit qu'il ait été nécessaire de les placer ailleurs, les enfants sont en apprentissage. Un contrat est passé entre le directeur d'agence agissant au nom de l'Administration et la personne qui engage l'apprenti. Il est stipulé au contrat soit le payement d'une somme d'argent, soit

---

(1) Et une visite par semaine dans les deux premiers mois.

la fourniture d'un trousseau ou d'objets mobiliers au profit de l'élève, à l'expiration de l'engagement.

Les sommes versées au compte des enfants au moment de la rédaction des contrats ou prélevées sur leurs salaires sont placées à la Caisse d'épargne. Les livrets restent entre les mains du directeur d'agence jusqu'à la majorité des jeunes gens, époque à laquelle prend fin la tutelle de l'Administration.

En dehors des groupes agricoles ou industriels dans lesquels les enfants assistés sont placés en apprentissage chez des patrons, le département de la Seine possède une école d'agriculture à Ben-Chicao (Algérie) et une école d'horticulture à Villepreux.

3,700 enfants environ sont recueillis chaque année.

État des sommes consacrées annuellement, depuis 1871, au paiement du contingent de la ville de Paris dans les dépenses du service extérieur des Enfants assistés.

Année 1871	542.975 »
— 1872	559.347 50
— 1873	568.227 50
— 1874	627.797 50
— 1875	666.000 »
— 1876	966.292 »
— 1877	570.559 75
— 1878	649.290 15
— 1879	661.615 84
— 1880	716.407 02
— 1881	585.126 41
— 1882	600.110 23
— 1883	635.906 20
— 1884	732.191 76
— 1885	825.147 75
— 1886	857.380 97
— 1887	824.784 06
— 1888	715.223 47
— 1889	875.829 25
— 1890	1.015.341 70
— 1891	988.195 77
Total	14.683.749 83

Enfants moralement abandonnés. — Le service des Enfants moralement abandonnés a pour but de recueillir :

1º Les enfants laissés à eux-mêmes par leurs parents ou tuteurs et vivant dans un état permanent de vagabondage envoyés à l'administration de l'Assistance publique par la préfecture de Police ou le Parquet ;

2º Les enfants, non seulement vagabonds, mais encore vicieux, dont les parents demandent le placement ;

3º Les enfants que leurs parents indigents, chargés de famille, retenus au dehors par leurs travaux ou parfois sans travail, veufs ou veuves, confient à l'Assistance publique sans vouloir les abandonner définitivement.

C'est à ces derniers que convient bien le nom de pupilles de la Seine sous lequel le service est aussi désigné.

Tout enfant destiné à être admis aux Moralement abandonnés est soumis à une période d'observation à l'hospice des Enfants-Assistés, pendant laquelle on étudie son caractère, ses goûts, ses aptitudes, son degré d'instruction, ses antécédents. L'admission n'est prononcée qu'à la suite de ce séjour à l'hospice.

A la suite de la décision prononçant l'admission définitive, l'enfant reçoit un numéro d'immatriculation et est dirigé sur le placement qui lui est destiné.

Les parents ou tuteurs qui se présentent pour faire admettre un enfant aux Moralement abandonnés sont tenus de signer une déclaration par laquelle ils reconnaissent l'avoir confié à l'Administration et s'engagent à ne pas s'immiscer dans les placements.

La loi du 24 juillet 1889 permet à l'Assistance publique de demander aux tribunaux, dans certains cas, de prononcer la déchéance de l'autorité paternelle contre des parents indignes. Mais les magistrats se montrent d'une extrême réserve dans l'application de cette loi.

Quelques enfants sont placés isolément à la campagne ; la plus grande partie est répartie entre les écoles professionnelles et les groupes industriels ou agricoles suivants :

ÉCOLES PROFESSIONNELLES.

GARÇONS.

Montévrain (Seine-et-Marne). — Ébénisterie, imprimerie.
Alençon (Orne). — Typographie, cordonnerie.

FILLES.

Yzeure (Allier). — Couture, lingerie, cuisine.

GROUPES INDUSTRIELS.

GARÇONS.

Bar-sur-Seine (Aube). — Verrerie.
Bayol (Aube). — Verrerie.
Choisy-le-Roi (Seine). — Faïencerie.
Nancy (Meurthe-et-Moselle). — Verrerie.
Sailly-le-Sec (Somme). — Serrurerie.
Troyes (Aube). — Bonneterie.
Vierzon (Cher). — Verrerie.

FILLES.

Montreuil-sous-Bois (Seine). — Broderie d'or et d'argent.
Montreuil-sur-Mer (Pas-de-Calais). — Couture.
Vitry (Seine). — Pâtes alimentaires.

Le service a commencé à fonctionner le 1er janvier 1881. 527 placements furent opérés la 1re année ; depuis cette époque leur nombre annuel est de 700 en moyenne.

La ville de Paris contribue aux dépenses par une subvention dont le montant s'est élevé à 2,697,000 francs, depuis 1882.

Dispensaires pour enfants malades. — Avant de clore la série des mesures spéciales d'assistance et de protection de l'enfance, il convient de signaler la création de dispensaires pour enfants malades. Ces établissements ne sont pas placés sous la direction de l'Assistance publique. Dus à l'initiative privée où à celle des municipalités, ils sont entretenus et fondés au moyen de cotisations particulières et de subventions allouées par la ville de Paris. Ces subventions, qui figurent pour la première fois au compte en 1888, ont atteint jusqu'au 31 décembre 1891 le chiffre de 63,500 francs.

Le nombre des dispensaires augmente chaque jour et bientôt tous les arrondissements en seront pourvus selon les besoins de leur population.

SUBVENTIONS AUX BAINS EXTERNES DE SAINTE-ANNE.

Depuis 1882 le budget municipal attribue à l'Assistance publique une subvention destinée à l'entretien à Sainte-Anne d'un établissement de bains, dans lequel sont reçues les personnes munies de bons délivrés par les médecins de l'Administration, lorsque la nature de l'affection dont elles sont atteintes indique ce traitement et que le cas n'est pas assez grave pour nécessiter leur séjour dans un hôpital.

Montant des subventions accordées : 246,000 francs.

ALIÉNÉS INDIGENTS

L'entretien des aliénés indigents à la charge de la ville de Paris a entraîné pour elle, depuis 1871, une dépense de 40,493,000 francs s'appliquant à 150,000 individus.

TRANSPORT DES MALADES

La préfecture de Police possède un service de voitures exclusivement réservé au transport des contagieux, mais, en raison même de sa destination spéciale ayant pour objet la salubrité publique, ce service ne répond pas à tous les besoins. Un grand nombre de personnes, en effet, atteintes d'affections non contagieuses, ne peuvent faire la dépense d'une voiture pour se rendre à l'hôpital. D'un autre côté le brancard à la disposition du public dans les postes de police a le grave inconvénient de laisser, en cas de mauvais temps, le malade exposé aux intempéries. C'est en raison de ces considérations qu'a été décidée, en 1887, la création d'ambulances municipales destinées au transport de tous les malades, sans distinction :

1° Transports d'hôpital à hôpital sur la demande de l'Assistance publique.

2° Transports du Bureau central dans les hôpitaux. — Tous les jours une et même parfois deux voitures des ambulances municipales se rendent à l'Hôtel-Dieu, à l'issue de la visite des médecins du Bureau central, et les personnes dont l'admission a été prononcée et qui ne peuvent se rendre à pied à l'hôpital y sont transportées au moyen de ces voitures.

3° Transports privés réclamés par les particuliers.

Une très grande publicité a été donnée de façon à faire connaître à la population le fonctionnement de ce service.

Les mesures les plus rigoureuses sont prises pour la désinfection du personnel et du matériel ayant servi au transport des contagieux. Elles sont analogues à celles qui ont été adoptées pour le service des étuves à désinfection (Voir : *Étuves à désinfection*).

Le malade est toujours accompagné d'une infirmière et au besoin d'un infirmier pendant la durée du trajet.

Les ambulances municipales sont réunies dans deux stations : la première, rue de Staël, a été ouverte le 1er octobre 1889 ; la seconde, rue Chaligny, au mois de juillet 1890. Chacune de ces stations comprend un surveillant-chef et deux ambulanciers ; cinq voitures avec conducteurs et chevaux y sont attachées. Le nombre des transports s'est élevé depuis la création du service à 9,907.

Les dépenses d'installation et d'entretien ont atteint 292,000 francs.

REFUGES DE NUIT. — ASILE-OUVROIR. — COLONIE AGRICOLE DE LA CHALMELLE

Refuges de nuit. — Les refuges de nuit ont pour but de fournir un asile pour la nuit aux ouvriers sans travail et sans ressources.

Les intéressés se présentent dans la journée et un ticket leur est remis qui leur donne droit à 3 nuits.

Il est délivré autant de tickets qu'il y a de places au refuge.

Aussitôt après leur entrée au refuge, les admis sont dirigés sur le lavoir, pour une toilette complète avec douche désinfectante; leurs vêtements leur sont retirés et passés à l'étuve, d'autres leur sont fournis pour la nuit et une soupe leur est distribuée.

Le matin leurs effets leur sont rendus. Ils reçoivent un morceau de pain et ils sortent pour aller chercher du travail. La rentrée est fixée à six heures du soir.

Seuls les cuisiniers et les hommes de corvée restent à l'asile.

Une soupe leur est donnée dans la journée.

Un salaire de 1 fr. 50 c. est alloué aux cuisiniers.

Ces deux catégories de réfugiés peuvent être maintenus dans l'établissement au-delà des trois nuits réglementaires.

La surveillance est exercée dans chaque refuge par un surveillant chef et quatre surveillants.

Le premier refuge municipal a été ouvert le 13 février 1886, rue de la Bûcherie, dans les bâtiments de l'ancien Hôtel-Dieu; il y a fonctionné jusqu'au 18 mai 1889, date à laquelle il a été transféré rue du Château-des-Rentiers. Un second asile de nuit est installé, depuis le 1er janvier 1887, quai de Valmy.

Ces deux établissements ont donné le coucher et la soupe, depuis leur ouverture jusqu'au 31 décembre 1891, à près de 100,000 personnes.

Pendant l'hiver 1890-91, la rigueur et la durée exceptionnelles du froid avaient causé une misère profonde, beaucoup d'ouvriers laborieux s'étaient vus chasser de leurs garnis. Afin de leur venir en aide, des refuges provisoires avaient été ouverts. On y recevait les individus sans abri, comme dans les asiles permanents, mais des soupes étaient distribuées à tous ceux qui se présentaient. 179,387 couchers et 853,194 soupes ont été ainsi donnés.

Les asiles de nuit ont coûté depuis leur fondation, dépenses de première installation comprises, 954,000 francs.

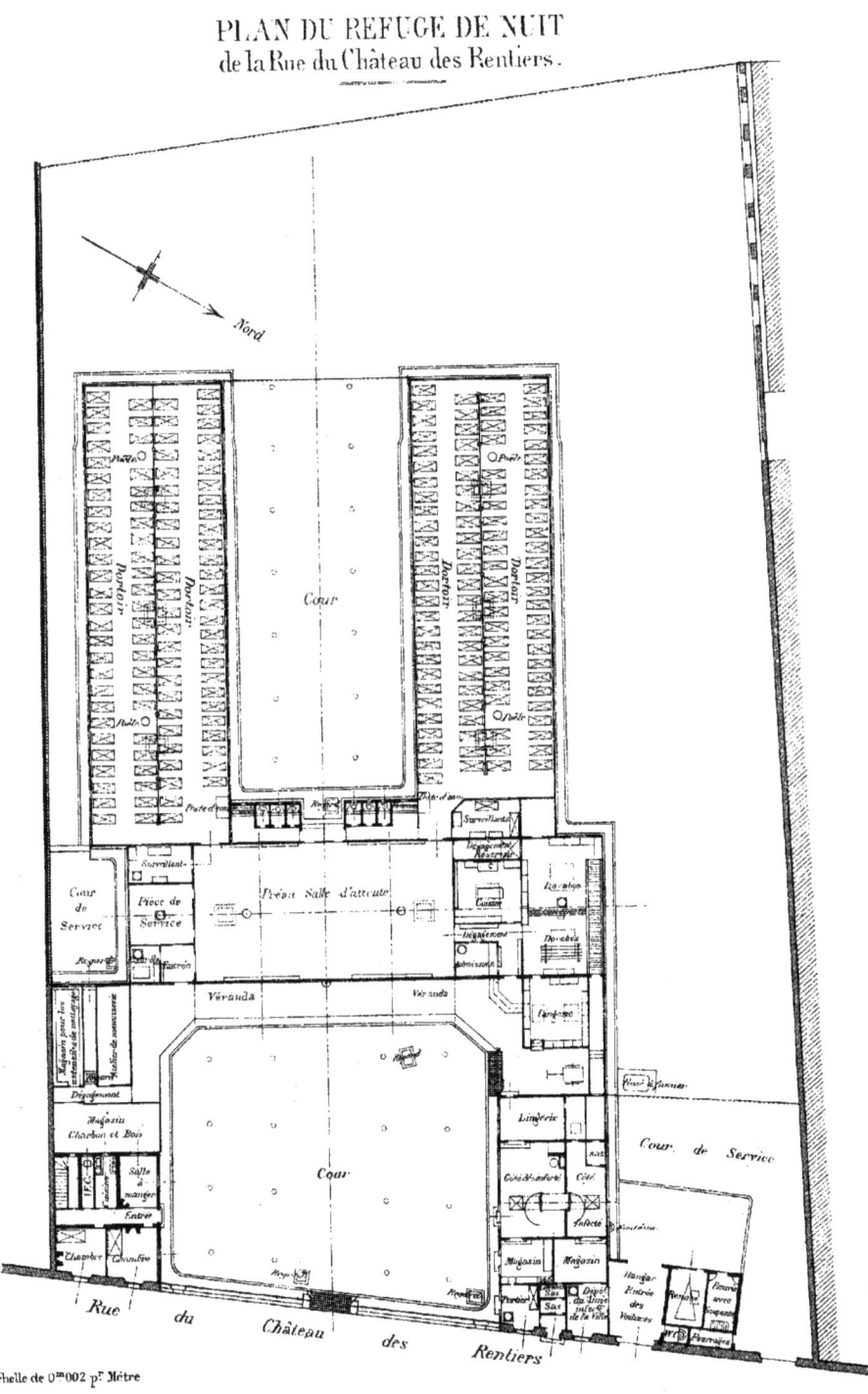

Asile-ouvroir de la rue Fessart. — Cet établissement réservé aux femmes est un asile d'un genre particulier, dans lequel les hospitalisées sont reçues avec leurs enfants et peuvent rester un temps assez long pour leur faciliter les moyens de trouver du travail. La durée moyenne du séjour est de 25 jours.

La direction est confiée à une surveillante assistée de deux sous-surveillantes. Avant d'être acceptées à l'asile, les femmes doivent se présenter à la direction des Affaires municipales, où il leur est délivré, s'il y a lieu, un bulletin d'entrée.

Dès qu'elles sont admises, elles revêtent le costume spécial de la maison et leurs vêtements sont désinfectés.

Un roulement est établi entre elles pour leur permettre de chercher du travail sans compromettre la marche du service ; les unes sont occupées au raccommodage du linge, à la confection des draps, des tabliers, en usage dans l'établissement ; les autres lavent le linge ou font la cuisine, en un mot elles ne doivent jamais rester inoccupées.

A l'asile est annexée une crèche pour recevoir les enfants des femmes hospitalisées, qui sont placés sous la surveillance d'une gardeuse spéciale.

Dès qu'une femme a trouvé du travail en dehors, elle doit quitter immédiatement le refuge et rendre les effets qui lui ont été prêtés durant son séjour. Les deux tiers environ des femmes recueillies au refuge en sont sorties placées.

L'asile-ouvroir a été ouvert le 18 juillet 1890, il a reçu 2,283 femmes depuis cette époque jusqu'au 31 décembre 1891.

Les frais d'établissement et d'entretien se sont élevés à 400,000 francs.

Colonie agricole de la Chalmelle. — Beaucoup d'ouvriers et d'employés parisiens sont venus des campagnes, attirés par l'attrait de la grande ville, sans être suffisamment pourvus des qualités nécessaires pour y gagner leur vie. Après avoir longtemps lutté contre la misère, ils finissent par tomber dans l'apathie des vaincus des batailles de la vie. La municipalité parisienne a entrepris de les régénérer, en les rendant aux travaux des champs. Pour y parvenir, elle a, le 10 juin 1891, décidé la création d'une colonie agricole à la Chalmelle (Marne) dans laquelle sont reçus les ouvriers valides sans travail, habitant Paris depuis trois ans au moins et âgés de 25 à 55 ans. Ils exploitent un domaine de 128 hectares. Leur salaire est fixé à 0 fr. 55 c. par jour, plus la nourriture, le logement et une première avance de vêtements, linge et chaussures.

Jusqu'ici on n'a pu admettre que des célibataires, plus tard on recevra des ménages auxquels on accordera la jouissance d'une habitation particulière et d'un jardin.

Lorsque l'âge ou les infirmités auront mis les colons hors d'état de travailler, ils seront admis de droit dans les hospices de la ville de Paris.

Bien qu'à peine sortie de la période d'organisation, l'institution a déjà fait ses preuves. Elle a coûté, en 1891, 11,800 francs. Le premier crédit ouvert était de 60,000 francs.

PRÉLÈVEMENT SUR LES PRODUITS DE L'OCTROI POUR LE PAIEMENT DE LA COTE PERSONNELLE ET MOBILIÈRE.

Le prix élevé des loyers à Paris est une des causes prédominantes de la cherté de la vie, aussi la municipalité s'est-elle efforcée d'en atténuer les conséquences en allégeant les impôts supportés par les logements des personnes les moins aisées (1) et en faisant supporter la charge qui leur incombait par l'ensemble des contribuables.

Tout le monde sait que la cote personnelle et mobilière d'une commune représente un bloc dont le paiement est dû par ceux que la loi désigne comme contribuables, à raison d'une somme proportionnelle à la valeur locative des immeubles qu'ils occupent. C'est cette somme qu'on appelle « le centime le franc ». Or à Paris on considère le centime le franc comme un maximum qui n'est payé que par les personnes qui, à raison du montant de leur location, sont supposées aisées, celles dont le loyer matriciel est de 1,000 francs et au-dessus (2).

Les loyers inférieurs sont grevés selon une échelle proportionnelle descendante jusqu'à la valeur locative non imposable exonérée par la loi. Mais cette modération du centime le franc entraîne avec elle sur l'ensemble un déficit qui a varié depuis 1872 de 2 à 4 millions selon les années. C'est ce déficit qui est comblé au moyen d'un prélèvement sur les produits de l'octroi.

En somme, les loyers les plus élevés ne sont pas frappés d'une charge plus lourde que si le droit commun était appliqué et les loyers inférieurs sont dégrevés dans une proportion qui dépasse 40 % pour les plus petits, au moyen d'une dépense qui n'a jamais atteint 2 francs par tête d'habitant.

Les sommes prélevées sur le budget de la ville de Paris pour cet objet se sont élevées depuis 1871 à 60,354,000 francs.

---

(1) La loi de finances considère comme non imposables les loyers d'une valeur matricielle inférieure à 400 francs, sauf quelques exceptions répondant à des situations spéciales.

(2) Le loyer matriciel représente les 4/5es du loyer réel.

État des sommes prélevées annuellement depuis 1871 sur les produits de l'octroi pour le paiement de la cote mobilière.

Année 1871	872.856 72
— 1872	3.520.369 89
— 1873	3.637.899 02
— 1874	2.563.469 16
— 1875	2.857.754 11
— 1876	2.769.132 85
— 1877	2.476.991 58
— 1878	2.310.043 77
— 1879	2.066.351 43
— 1880	2.138.506 14
— 1881	2.238.490 62
— 1882	2.059.151 57
— 1883	2.288.817 08
— 1884	2.901.474 43
— 1885	2.755.855 02
— 1886	3.579.722 55
— 1887	3.799.966 87
— 1888	4.016.833 24
— 1889	3.647.263 30
— 1890	3.929.503 »
— 1891	3.923.575 72
Total	60.354.028 07

SECOURS EN ARGENT

Secours de loyer. — Le 13 février 1884, le Conseil municipal, sur la proposition d'un de ses membres tendant à prendre des mesures en faveur des petits locataires expulsés de leur logement pendant la durée de la crise qui sévissait alors, vota un crédit pour secours de loyer. La dépense s'éleva, cette première année, à 44,765 francs. En 1885 et 1886, de nouveaux crédits furent ouverts, mais ce ne fut qu'accidentellement et, en quelque sorte, pour parer aux nécessités du moment. C'est seulement depuis 1887 que les secours de loyer fonctionnent régulièrement.

Ils sont distribués par les mairies aux familles expulsées de leurs logements et sans ressources pour se procurer une nouvelle demeure.

110,000 ménages environ ont ainsi été secourus depuis 1884 au moyen d'une dépense de 1,186,000 francs.

Secours divers. — Les comptes de la ville de Paris constatent les dépenses suivantes pour secours alloués depuis 1871 aux catégories de personnes ci-après indiquées :

Familles nécessiteuses des réservistes, dispensés et territoriaux appelés à prendre part à une période d'instruction (1re allocation en 1876), 4,781,000 francs.

Victimes d'épidémies, 80,000 francs.

Victimes de malheurs publics, 934,000 francs.

Anciens employés municipaux ou leurs familles, personnes ayant droit à un titre quelconque à la bienveillance de la ville de Paris, 3,455,000 francs.

Dégagements du Mont-de-piété (1), 186,000 francs.

Secours et dons divers, 7,000 francs.

---

(1) Ce système d'assistance, renouvelé en 1878 et 1879 d'errements antérieurs à 1871, a été complètement abandonné. La plupart du temps, la reconnaissance des engagements d'objets de première nécessité avait été vendue et c'était le brocanteur qui bénéficiait de la libéralité de la ville de Paris. En outre, le secours était d'autant plus fort que le prêt était plus élevé, c'est-à-dire que le gage avait plus de valeur et par conséquent que l'emprunteur était moins pauvre.

SUBVENTIONS.

Subventions aux établissements charitables et aux crèches. — Les établissements et associations charitables particuliers rendent de grands services à la population, aussi la ville de Paris a-t-elle toujours subventionné ceux d'entre eux dont les ressources sont insuffisantes. 23 ont reçu des allocations en 1891.

C'est seulement depuis 1885 qu'un crédit est inscrit chaque année au budget pour subvention aux crèches. Avant cette époque, on ne trouve que deux subventions, l'une de 2,000 francs en 1877 et l'autre de 1,500 francs en 1879.

17 crèches ont été subventionnées en 1885 et 22 en 1891.

Nombre d'enfants reçus dans les crèches subventionnées de 1884 à 1891 :

1884	964
1885	1.252
1886	1.373
1887	1.351
1888	1.484
1889	1.738
1890	2.021
1891	2.400

Ces subventions se sont élevées dans leur ensemble à 1,961,000 francs.

Subventions diverses. — La ville de Paris a subventionné depuis 1871 diverses sociétés et institutions telles que la Caisse d'épargne, des sociétés nautiques, la Société zoologique d'acclimatation, des sociétés colombophiles, des sociétés de statistique, etc., etc., pour une somme de 726,000 francs.

Elle a accordé à des sociétés de secours mutuels et à des associations administratives d'assistance des allocations dont le montant s'est élevé à 185,000 francs.

EXONÉRATION DE LA PRESTATION DU VOLONTARIAT.

La loi militaire de 1872 avait institué le volontariat d'un an en faveur de jeunes gens ayant satisfait à un examen ou justifié de certaines connaissances constatées par des diplômes. Une somme de 1,500 francs était, en outre, exigée de chacun d'eux. A partir de 1877 un crédit annuel de 15,000 francs était inscrit au budget pour versement à l'État de la prestation imposée à des volontaires appartenant à des familles parisiennes peu aisées.

188 engagés conditionnels ont bénéficié de tout ou partie de cette allocation de 1877 à 1890 (1). La dépense a été de 195,000 francs.

Pour compléter l'ensemble des dépenses d'aide et d'assistance, il convient d'ajouter une somme de 154,000 francs pour frais divers.

---

(1) La législation nouvelle a aboli le volontariat d'un an.

MONT-DE-PIÉTÉ

ORIGINE.

Tout le monde connaît le principe sur lequel repose l'institution du Mont-de-piété, le prêt sur gage mobilier, mais peu de personnes se rendent compte des services qu'il rend. Si, en effet, il fait payer un intérêt relativement élevé aux emprunteurs, on verra plus loin que ce sont les pauvres qui, en fin de compte, profitent des bénéfices qu'il réalise et que d'un autre côté les prêts de minime importance lui coûtent au lieu de lui rapporter. C'est donc non un établissement de bienfaisance, puisqu'il n'opère pas gratuitement, mais une sorte de banque ouverte à tous et dont les produits contribuent au soulagement de la misère.

Créé par lettres patentes de Louis XVI, le 17 décembre 1777, le Mont-de-piété ouvrit ses portes dans les premiers jours de janvier 1778 et commença ses opérations avec un capital de 558,200 livres emprunté sur billets à terme, à un taux variant de 3 1/2 à 5 %, selon la date plus ou moins éloignée de l'échéance. Celui des prêts fut fixé à 10 %. L'an VII les emprunts coûtaient 18 %, l'an V et l'an VI les prêts rapportaient 30 %. Ce sont les chiffres les plus élevés que les intérêts aient atteints.

Après de nombreuses vicissitudes dont l'exposé ne rentre pas dans le cadre de cet ouvrage, nous trouvons le Mont-de-piété, en 1872, empruntant à 4 1/2 % et prêtant à 9 % (9 1/2 en y comprenant le droit de prisée) une somme de 30,000,000 de francs, garantie par 1,326,000 nantissements.

De 1872 à 1880 l'organisation fut étudiée avec le plus grand soin et, tout en la perfectionnant et en la développant, on examina les réformes qu'il convenait d'y introduire dans l'intérêt du public.

LES RÉFORMES.

En 1880, le Mont-de-piété comprenait : le chef-lieu rue des Blancs-Manteaux, considérablement accru depuis la fondation par l'acquisition d'immeubles voisins ; deux succursales, rue Bonaparte et rue Servan ; un magasin rue Malher, et 23 bureaux auxiliaires répandus dans tous les quartiers de Paris. Il existait, en outre, dix bureaux de commission.

C'est en 1887 que furent menées à bien les premières grandes réformes : abaissement des intérêts et des droits à payer par les emprunteurs ; suppression des bureaux de commission ; abrogation de la limite maxima des prêts. Enfin c'est cette même année que furent installées les étuves à vapeur sous pression destinées à la désinfection des matelas et objets de literie déposés en nantissement.

En 1892 a été installé le prêt sur titres.

Abaissement du taux de l'intérêt des prêts. — En 1885, le taux exigé pour les prêts était de 9 % depuis 1831, plus un droit fixe de prisée de 1/2 %. Les droits proportionnels furent abaissés à 8 % à partir du 1er janvier 1886 en conservant le droit fixe de 1/2 %. L'année suivante, au 1er janvier 1887, les emprunteurs n'avaient plus à payer pour toute rémunération que 7 % dont un droit fixe de 1 %. Le droit de prisée restait à la charge du Mont-de-piété. Ces divers dégrèvements s'élevèrent, pour 1887, à la somme de 656,000 francs.

Le taux de 7 % est encore appliqué actuellement.

Suppression des bureaux de commission. — Après les décrets du 24 messidor an XII et du 8 thermidor an XIII, qui avaient supprimé la liberté du prêt sur gage et réglementé le fonctionnement du Mont-de-piété, 24 commissionnaires avaient été autorisés à s'établir à proximité des emprunteurs dans les quartiers les plus vivants de Paris. Ils attiraient à eux les neuf dixièmes des engagements. On entreprit d'affranchir le public du tribut payé à ces intermédiaires, par la création de bureaux auxiliaires ne relevant que de l'Administration centrale, et rendant les mêmes services que le chef-lieu, sans aucune rétribution supplémentaire. Il fallut une lutte de vingt ans (1840-1860) pour triompher des intérêts opposés à cette réforme.

Le résultat acquis fut considérable ; il consacrait, au profit de la clientèle du Mont-de-piété, une évolution très importante pour l'emprunteur, au double point de vue de la redevance à payer et de la facilité des opérations. Les commissionnaires au Mont-de-piété, qui étaient simplement des intermédiaires surveillés et recommandés à la confiance du public, avaient été dès l'origine autorisés à percevoir sur le montant des prêts 2 % par engagement, autant par renouvellement, et 1 % par dégagement. Cette rétribution constituait un droit fixe ; l'intérêt au profit du Mont-de-piété est, au contraire, un droit proportionnel à la durée du prêt : il résultait de cette combinaison que les gages apportés et retirés par le commissionnaire peu après l'engagement, dans le cours du premier mois, par exemple, rapportaient quatre fois plus à l'intermédiaire qu'à l'établissement principal sur qui pesaient les charges de l'opération. Or, jusqu'en 1855, l'emprunteur confondait souvent l'intérêt normal avec le salaire de la commission et, ne considérant que la somme déboursée, il constatait qu'il avait payé pour 20 francs à l'échéance d'un mois 75 centimes, soit 45 %. Les calculs de ce genre autorisaient en quelque sorte la croyance que le Mont-de-piété mettait à ses services un prix usuraire.

En 1887, comme on l'a vu plus haut, il ne restait plus que dix commissionnaires ; c'était le moment d'opérer une réforme radicale, que les mesures prises depuis 1860 avaient, il est vrai, peu à peu préparée, mais qu'on n'avait pas osé réaliser jusque-là. Les dix bureaux de commission furent supprimés au grand profit des emprunteurs, qui économisèrent de ce fait 300,000 francs par an.

Les titulaires des bureaux de commission reçurent une indemnité de dépossession.

Abrogation du décret de 1863. — L'abrogation du décret de 1863, si elle n'a pas procuré aux clients du Mont-de-piété un bénéfice matériel immédiat, leur a du moins fourni des facilités nouvelles en leur permettant d'emprunter sans la fractionner la somme totale dont ils ont besoin, à l'établissement à leur convenance. Ce sont les commerçants, dont les engagements sont souvent considérables, qui ont surtout profité de cette mesure.

Désinfection des matelas et objets de literie. — L'Administration se préoccupait depuis longtemps de la situation faite à une des plus intéressantes classes de ses emprunteurs. Les matelas et objets de literie ne pouvaient donner lieu à aucun renouvellement. Passé le délai d'une année, ils devaient être dégagés, et cette obligation, à laquelle ne pouvaient pas satisfaire tous les emprunteurs, augmentait le nombre des gages livrés aux enchères.

Bien souvent, l'emprunteur ne pouvait lors de l'échéance du prêt trouver les quelques francs nécessaires au retrait de son gage et se voyait dépossédé d'un objet de première nécessité. L'épuration a permis d'accorder une large tolérance pour les renouvellements. On évite ainsi les ventes désastreuses de ces nantissements, sur lesquels les appréciateurs ne consentent généralement que des prêts très modiques.

L'administration du Mont-de-piété, en établissant des étuves à épuration, a eu surtout en vue l'hygiène publique et a voulu contribuer, dans la mesure de ses moyens, à atténuer les épidémies, qui font de si grands ravages dans une population agglomérée, comme celle de Paris.

Une grande partie des objets de literie engagés appartiennent à des familles où la maladie a créé les besoins auxquels le Mont-de-piété pourvoit. Les matelas et lits de plume sont reçus sans être enveloppés, de sorte que le voisinage d'un matelas contaminé pouvait transmettre les germes d'une maladie contagieuse à un matelas sain, qui s'en trouvait rapproché.

Trois étuves à vapeur sous pression ont été mises en service en 1888 et le tableau suivant montre combien d'objets ont été soumis à la désinfection, la première année.

MOIS	MATELAS	LITS DE PLUME	OREILLERS et TRAVERSINS	DIVERS	TOTAUX GÉNÉRAUX
Janvier	1,525	507	1,074	846	3,952
Février	1,161	409	1,249	678	3,497
Mars	1,546	538	1,160	860	4,104
Avril	1,226	495	1,097	933	3,751
Mai	1,094	383	1,116	959	3,552
Juin	983	361	984	876	3,204
Juillet	1,010	342	1,105	936	3,393
Août	952	305	1,147	916	3,320
Septembre	675	218	837	760	2,490
Octobre	892	345	613	501	2,351
Novembre	707	206	774	703	2,390
Décembre	879	219	703	625	2,426
Totaux au chef-lieu	4,494	2,116	4,893	3,547	15,050
Totaux à la 1re succursale	1,537	429	2,188	1,343	5,497
Totaux à la 2e succursale	6,619	1,783	4,778	4,703	17,883
TOTAUX GÉNÉRAUX	12,650	4,328	11,859	9,593	38,430

Quoi qu'il arrive désormais, le Mont-de-piété pourra toujours ouvrir ses portes, et ne se verra plus, comme au XVIII° siècle, obligé de refuser ses secours aux époques d'épidémie, c'est-à-dire au moment où ils sont le plus utiles.

Prêt sur titres. — Jusqu'en 1892, la dénomination d'objet mobilier ne comprenait, au point de vue du Mont-de-piété, que les ustensiles de ménage, hardes, bijoux, outils, marchandises, etcs.; les titres au porteur, les valeurs mobilières en étaient exclus. Cela ne gênait en rien le capitaliste, qui trouvait toujours facilement à emprunter à la Banque de France dans des conditions excellentes et de sécurité complète. Mais la Banque de France ne consentait pas de prêts inférieurs à 500 francs (1). C'est-à-dire qu'elle était fermée à l'ouvrier, au domestique, au petit employé qui ne possédait qu'une obligation de Chemin de fer, du Crédit foncier ou de la ville de Paris, valeur de premier ordre, mais dont la cote n'est pas assez élevée pour garantir une avance de 500 francs. A plus forte raison en était-il de même du porteur de quelques francs de rente 3 % souscrits un jour d'emprunt. Cette catégorie de personnes particulièrement intéressante, parce qu'elle représente des travailleurs animés de l'esprit d'économie, était donc obligée de recourir à des maisons particulières dont beaucoup sont assurément d'une honorabilité parfaite, mais parmi lesquelles la police correctionnelle nous montre chaque jour qu'il y en a dont la moralité n'est même plus douteuse.

Il appartenait au Mont-de-piété de faire disparaître cette fâcheuse situation.

A la suite d'une étude longue et minutieuse à laquelle se sont livrés l'Administration, le Conseil de surveillance et le Conseil municipal, un projet de loi a été soumis aux Chambres par le Gouvernement, et, le 25 juillet 1891, le prêt sur titres, a été autorisé par le Parlement dans les conditions suivantes :

Le Mont-de-piété de Paris fait, aux taux et conditions fixés par l'Administration, après avis de son conseil de surveillance, des avances dont la proportion est ainsi réglée :

80 % sur les rentes françaises, bons et obligations du Trésor, bons de caisse du Mont-de-piété ;

75 % sur les actions et obligations des principales lignes de chemins de fer de la France et des colonies, sur les obligations de la ville de Paris, des villes et des départements français, sur les obligations du Crédit foncier, etc. ;

60 % sur les actions de jouissance des chemins de fer de l'Est, d'Orléans, de l'Ouest, du Midi et du Nord.

Le maximum des prêts est de 500 francs par opération et par emprunteur.

Les avances sont faites pour six mois ; ce délai peut être prolongé. Elles sont remboursables par anticipation au gré de l'emprunteur.

Les coupons échus des valeurs données en garantie sont remis sans frais aux emprunteurs, sur leur réclamation.

---

(1) Depuis que la question du prêt sur titres par le Mont-de-piété a été mise à l'étude, la Banque de France a abaissé à 250 francs le minimum de ses avances.

L'Administration fait vendre sur la demande des emprunteurs, par ministère d'agent de change, les valeurs sur lesquelles elle a consenti des avances.

L'emprunteur reçoit, en déposant ses valeurs, le montant intégral de l'avance, sans déduction d'aucuns frais, ni droits, ni commissions.

L'intérêt, perçu seulement au moment du retrait ou du renouvellement, est en ce moment fixé à 6 % l'an ; il est calculé d'après le nombre de quinzaines écoulées ; toute quinzaine commencée est payée en entier ; en outre, pour toute la durée du prêt — six mois, — il est dû un droit de 0 fr. 25 c. par 100 francs prêtés.

Le service du prêt sur valeurs a fonctionné dès le 2 janvier 1892 dans les locaux du chef-lieu. L'affluence du public a obligé l'Administration à ouvrir successivement des guichets pour les nouvelles opérations dans les trois autres établissements principaux et au bureau M, situé rue de la Jussienne, au coin de la rue Étienne-Marcel.

Pendant le premier trimestre de 1892, il a été déposé 5,251 titres par 4,396 emprunteurs, pour un prêt total de 1,225,210 francs ; 546 titres ont été retirés, pour 113,693 francs ; 68 titres seulement ont été vendus.

Au 31 mars, 1,094,514 francs restaient prêtés, sur 4,637 titres, lesquels, au cours de la Bourse, représentaient une valeur de 1,886,438 francs.

La statistique dressée démontre que le nouveau service est principalement utile à la population laborieuse.

Les 4,396 emprunteurs dont il vient d'être question se classent en effet de la manière suivante :

    18 cultivateurs ;

1,160 employés ;

  242 négociants ;

  968 ouvriers ;

1,192 petits commerçants ou petits fabricants ;

  339 personnes appartenant à des professions libérales ;

  477 rentiers ou personnes sans profession.

La banlieue a effectué 599 engagements, la province 85 et Paris, 3,712, qui se trouvent ainsi répartis par arrondissements :

Ier arrondissement	117		XIe arrondissement	447
IIe —	167		XIIe —	153
IIIe —	297		XIIIe —	74
IVe —	260		XIVe —	160
Ve —	167		XVe —	110
VIe —	136		XVIe —	85
VIIe —	72		XVIIe —	224
VIIIe —	83		XVIIIe —	319
IXe —	224		XIXe —	126
Xe —	318		XXe —	173

Les titres engagés appartiennent aux diverses catégories ci-après énumérées :

Rentes sur l'État..	283
Obligations de la ville de Paris.................................	2.471
— d'autres villes......................................	175
— du Crédit foncier....................................	1.957
Actions de chemins de fer...	39
Obligations —	313
Bons de caisse du Mont-de-piété.................................	10
Divers..	3
Total.............	5.251

Tous ces résultats font bien voir avec quel empressement la faveur du public se porte vers une innovation destinée à le soustraire aux exigences abusives et surtout à l'insécurité de certaines agences auxquelles il était jusqu'ici trop souvent tenté de s'adresser.

On a constaté au cours des nouvelles opérations qu'un certain nombre d'emprunteurs agissaient en vue de retirer des gages corporels qui leur faisaient défaut. Cette constatation indique à quel point s'imposait la création du prêt sur valeurs par le Mont-de-piété.

FONCTIONNEMENT ACTUEL.

En 1891, le Mont-de-piété comprenait le chef-lieu, 3 succursales et 22 bureaux auxiliaires.

Ses opérations se résument dans le tableau suivant :

MOIS	ENTRÉE				SORTIE					
	ARTICLES		SOMMES		ARTICLES			SOMMES		
	Engagements	Renouvellem^{ts}	Engagements	Renouvellements	Renouvellem^{ts}	Dégagements	Ventes	Renouvellements	Dégagements	Ventes
			francs	francs				francs	francs	francs
Janvier.........	148,227	71,197	3,427,132	1,908,824	71,197	98,417	14,781	1,908,824	2,624,542	209,294
Février.........	113,429	62,764	2,666,942	1,719,863	62,764	94,884	15,296	1,719,863	2,432,353	217,471
Mars............	105,998	67,301	2,789,747	1,925,734	67,301	105,992	16,580	1,925,734	2,448,838	237,159
Avril...........	126,976	55,933	3,365,385	1,835,408	55,933	99,484	17,844	1,835,408	2,627,715	262,647
Mai.............	121,054	62,466	3,335,077	1,788,692	62,466	108,420	17,747	1,788,692	2,973,783	240,709
Juin............	122,265	66,520	3,096,344	1,895,032	66,520	104,343	17,454	1,895,032	2,694,164	260,193
Juillet.........	147,124	65,690	3,850,834	1,895,164	65,690	104,236	16,545	1,895,164	2,944,165	226,476
Août............	135,474	65,965	3,099,526	1,807,964	65,965	111,367	15,804	1,807,964	2,647,496	195,839
Septembre.......	121,069	66,806	2,895,387	1,740,463	66,806	105,450	18,706	1,740,463	2,530,554	282,524
Octobre.........	132,103	69,085	3,528,088	1,943,644	69,085	108,160	21,805	1,943,644	2,703,393	318,517
Novembre........	114,225	67,403	2,972,408	1,945,338	67,403	102,178	21,090	1,945,338	2,567,069	335,426
Décembre........	111,898	66,122	2,847,185	1,806,097	66,122	115,473	17,305	1,806,097	3,124,604	251,401
Liq. de l'ex. 1888...	»	»	2,629	»	»	76	»	»	»	»
TOTAUX.........	1,496,536	797,254	37,876,684	22,182,178	797,254	1,258,472	214,057	22,182,178	32,335,693	3,037,626
	2,293,790		60,058,859		2,266,783			57,555,494		

— 131 —

La clientèle du Mont-de-piété a payé en 1891, pour intérêts et droits divers, la somme de.. 3.608.214 16

Sous le régime précédent du taux de 9 % augmenté du droit de prisée, mis depuis à la charge de l'Administration, on aurait eu à payer..... 4.896.862 26

C'est donc une différence au profit des emprunteurs de........... 1.288.648 10 pour la seule année 1891 ; ce qui porte à plus de 5.800.000 francs l'ensemble des dégrèvements dont le public a bénéficié depuis le 1er janvier 1887.

Il s'en faut d'ailleurs de beaucoup que toutes les opérations soient lucratives.

Leur classement au point de vue du produit peut s'effectuer ainsi qu'il suit :

I. — *Opérations onéreuses.*

Les prêts de 3 à 22 francs sont onéreux, quelle que soit la durée du séjour des gages en magasin, la recette à provenir des intérêts et droits ne pouvant, en aucun cas, couvrir la dépense administrative jointe au coût du capital avancé par le Mont-de-piété.

Les opérations cessent d'être onéreuses, savoir :

II. — *Opérations onéreuses ou rémunératrices suivant le point où s'établit l'équilibre entre la recette et la dépense, en raison du séjour plus ou moins long des gages en magasin.*

Pour les prêts de 22 francs lorsque le gage a séjourné plus de 26 quinzaines en magasin.
— 23 — — 24 —
— 24 — — 23 —
— 25 — — 22 —
— 26 — — 21 —
— 27 — — 20 —
— 28 — — 19 —
— 29 — — 18 —
— 30 — — 17 —
— 31 et 32 — — 16 —
— 33 — — 15 —
— 34 et 35 — — 14 —
— 36 et 37 — — 13 —
— 38 et 39 — — 12 —
— 40 et 41 — — 11 —
— 42 et 43 — — 10 —
— 44, 45 et 46 — — 9 —
— 47, 48 et 49 — — 8 —
— 50 à 53 — — 7 —
— 54 à 57 — — 6 —
— 58 à 62 — — 5 —
— 63 à 68 — — 4 —
— 69 à 76 — — 3 —
— 77 à 85 — — 2 —

III. — *Opérations rémunératrices.*

Les opérations de 86 francs et au-dessus sont toujours rémunératrices, la dépense administrative et le loyer du capital prêté se trouvant couverts dès la première quinzaine par les intérêts et les droits perçus.

Il résulte de ce tableau que le Mont-de-piété est un véritable établissement d'assistance mutuelle, dans lequel la somme payée par les emprunteurs les plus aisés permet de prêter aux plus pauvres, dans des conditions qui seraient impossibles sans leur concours.

Le prêt sur titres ne fonctionnait pas encore en 1891. On a vu plus haut les résultats qu'il a donnés pendant le 1er trimestre 1892.

Le service de désinfection de la literie étendu par la création rue Capron d'une quatrième étuve, en 1890, a donné lieu aux opérations ci-dessous indiquées :

ÉTABLISSEMENTS	MATELAS	LITS DE PLUME	OREILLERS ET TRAVERSINS	OBJETS DIVERS DE LITERIE	TOTAUX
Chef-lieu	1,887	1,345	2,814	2,805	8,851
1re succursale	2,133	585	2,073	1,839	6,630
2e succursale	5,884	1,226	881	1,412	9,403
3e succursale	2,289	583	143	268	3,283
Totaux	12,193	3,739	5,911	6,324	28,167

Le Mont-de-piété a emprunté, en 1891, 57,802,200 francs ainsi répartis :

PLACEMENTS	TAUX	FONDS ANCIENS	FONDS NOUVEAUX	TOTAUX
Un an	3 %	41,566,980 »	5,314,800 »	46,881,780 »
6 mois	2 1/2 %	3,915,120 »	2,351,200 »	6,266,320 »
3 mois	2 %	1,979,800 »	2,674,300 »	4,654,100 »
Totaux		47,461,900 »	10,340,300 »	57,802,200 »

LES OBJETS VOLÉS.

On est disposé dans le public à croire que le Mont-de-piété reçoit un grand nombre d'objets volés. C'est une erreur. Les dispositions les plus minutieuses sont prises pour que les voleurs ne puissent se servir de l'établissement comme receleur.

Parmi les objets perdus ou volés engagés, les montres forment près de 76 %, il en entre plus de 360,000 par an. Leurs numéros sont relevés avec soin et, lorsqu'un avis de la préfecture de Police parvient à l'Administration, des recherches sont pratiquées immédiatement. On se rendra compte du travail que ces recherches imposent au personnel, si l'on considère que chaque fabricant a une série de numéros et que douze montres en moyenne portent les mêmes chiffres.

D'une étude approfondie à laquelle s'est livrée la direction du Mont-de-piété, il résulte que sur 100 montres volées, qui lui sont signalées, 13 ont été engagées. Sur 10,000 montres engagées, 7 seulement proviennent de vols.

Des mesures analogues sont prises pour la surveillance de divers gages, étoffes de prix, marchandises, bijoux, objets revêtus d'une marque de propriété.

En outre le prêt est suspendu jusqu'à complément d'enquête et le gage provisoirement retenu, lorsqu'il s'élève un doute sur la légitime propriété du déposant ou sur son droit de disposer de l'objet présenté. Le préfet de Police est avisé.

De l'ensemble des renseignements qui précèdent, il ressort bien clairement que le Mont-de-piété rend des services surtout à la population nécessiteuse et honnête de Paris ; mais, ce qu'ils n'ont pu faire apprécier, c'est la difficulté à vaincre pour obtenir ces résultats, sans se départir de la discrétion, du bon accueil et des convenances sur lesquels compte à bon droit son intéressante clientèle d'emprunteurs.

UNE RÉFORME EN COURS. — LES BROCANTEURS.

Le trafic des reconnaissances s'est développé en ces derniers temps au point de devenir une large industrie ; industrie bien malfaisante, qui dégénère souvent en délit et qu'il est difficile de supprimer. Un ménage pauvre, qui a reçu du Mont-de-piété une trentaine de francs, plus ou moins, sur plusieurs dépôts, est bientôt au bout de ce subside. De nouveaux besoins le pressent ; il n'a plus rien pour battre monnaie, si ce n'est les titres de ses modestes emprunts. Alors, les annonces presque quotidiennes dans les journaux, les affiches sur son passage, les vitrines des brocanteurs, des prospectus qu'on glisse dans les mains au coin des rues, parfois même des sollicitations à domicile, apprennent à l'homme en peine qu'il peut vendre ses reconnaissances, avec possibilité de les racheter au bout du mois, moyennant une plus-value de 10 % ; il se résigne à livrer ses titres, avec espoir de les recouvrer bientôt ; mais un mois plus tard, sous le poids des mêmes besoins, il est impuissant à se libérer ; il faut renouveler. De mois en mois il subit une série de reventes fictives, qui constituent un intérêt monstrueusement usuraire montant habituellement à 120 %, et en fin de compte il est souvent dépouillé.

C'est ainsi qu'un nombre incalculable de reconnaissances, des centaines de mille, restent dans les mains des usuriers brocanteurs. Ceux-ci, avec le flair qui est dans leurs instincts, dégagent les articles qu'ils supposent de nature à être revendus avec profit. Ils conservent les autres reconnaissances jusqu'à terme et laissent vendre pour toucher les bonis. Ils réalisent par plusieurs sources des bénéfices considérables aux dépens des classes intéressantes qu'on voudrait au contraire soulager, et en définitive le Mont-de-piété, institué surtout pour combattre l'usure, devenant un instrument d'usure, se trouve faussé dans son principe.

Le mal est grand, on cherche le remède; on le trouvera.

Depuis 1882, l'Administration a fait tenir un compte aussi rigoureux que possible des reconnaissances présentées, pour encaisser le boni, par les trafiquants. On a pu constater que le nombre des articles mis en vente est en rapport direct et constant avec le nombre des titres présentés par les brocanteurs.

Plus les brocanteurs achètent de reconnaissances, plus les ventes sont nombreuses, plus les déficits d'adjudication sont importants et plus les bonis diminuent. On est ainsi amené à penser que, par une majoration judicieuse des prêts, on tarirait dans sa source le trafic des reconnaissances qui amène tous ces maux.

D'autres remèdes sont également à l'étude.

Bientôt donc d'une façon ou d'une autre le trafic des reconnaissances, déjà surveillé de très près, sera rendu tellement difficile, sinon impossible, qu'il disparaîtra et le Mont-de-piété aura accompli la seule des grandes réformes qu'il n'ait pu encore réaliser.

TRAVAIL

C'est principalement aux travailleurs qu'ont profité les nombreuses mesures prises, depuis 1871, pour l'amélioration des conditions de la vie. C'est à leurs enfants surtout que sont destinées les écoles gratuites, les bourses, les écoles maternelles, les crèches, les orphelinats, etc.

C'est pour eux que l'hygiène publique est incessamment surveillée. C'est à eux que vient en aide l'Assistance publique dans la maladie et la vieillesse, le refuge de nuit dans la misère et les prêts du Mont-de-piété au-dessous du prix de revient. Mais cela ne suffisait pas, aussi certaines institutions ont-elles été particulièrement consacrées aux objets qui les touchent directement. Elles forment le sujet du présent chapitre.

BOURSE DU TRAVAIL.

Jusqu'en 1887 les ouvriers n'avaient aucun lieu de réunion pour discuter leurs intérêts corporatifs et recevoir les offres et demandes de travail. En 1879 et 1880 on avait bien construit quelques abris, mais ce n'était que des hangars, dans lesquels les travailleurs sans ouvrage pouvaient attendre que les patrons vinssent les embaucher. C'est seulement en 1886, après une longue discussion, que fut créée la Bourse du travail, qui se composera d'une bourse centrale et d'annexes dont le nombre sera déterminé selon les besoins. L'annexe A a été inaugurée le 3 février 1887; la Bourse centrale a été ouverte le 21 mai 1892.

82 corps de métiers se rapportant à toutes les industries sont actuellement représentés à la Bourse du travail.

Un règlement provisoire avait été institué à l'origine, il a été modifié et remplacé, le 30 mars 1892, par un règlement général dont voici le texte :

Article premier. — L'immeuble situé rue du Château-d'Eau, 3, et rue de Bondy, 26, ainsi que celui de la rue Jean-Jacques-Rousseau, 35, sont mis par la ville de Paris à la disposition des syndicats et groupes corporatifs ouvriers des industries parisiennes et du département de la Seine pour l'organisation d'une Bourse centrale du travail et d'une annexe.

La Bourse et son annexe comprennent des bureaux occupés respectivement par des syndicats et groupes corporatifs de professions similaires, ainsi que des salles de réunion pour les assemblées générales des adhérents aux différents groupes syndicaux et pour des cours professionnels.

Art. 2. — La Bourse centrale et son annexe sont dirigées et administrées par les chambres et groupes admis à la Bourse du travail, au moyen de délégués réunis en comité général.

Le Comité général désigne à l'élection une commission exécutive, qui assure le bon ordre dans les différents locaux et fixe les heures d'ouverture et de fermeture de la Bourse.

La Commission exécutive adresse semestriellement au Conseil municipal un rapport sur le fonctionnement, la situation générale de la Bourse.

Art. 3. — Par leur demande d'admission dans les locaux de la Bourse, les chambres syndicales et groupes corporatifs prennent l'engagement de se conformer aux prescriptions du présent règlement général.

Une fois admis à la Bourse du travail, les chambres et groupes ne pourront être dépossédés de leur local qu'avec approbation du Conseil municipal.

Art. 4. — Une subvention annuelle de 50,000 francs est accordée à la Bourse du travail, afin d'en assurer le fonctionnement.

Cette subvention est versée mensuellement et mise à la disposition de la Commission exécutive.

Art. 5. — Les délégués des chambres et groupes ont la faculté d'établir un règlement intérieur, à la condition de respecter les dispositions du présent règlement général.

Art. 6. — Le Conseil municipal, représenté par sa Commission du travail, exerce le droit de contrôle sur la Bourse.

De 1887 à 1891 les dépenses d'installation et d'entretien de la Bourse du travail se sont élevées à 1,922,000 francs.

BUREAUX DE PLACEMENT GRATUITS.

Depuis longtemps les ouvriers et employés se plaignent de l'exploitation dont ils sont l'objet de la part de certains bureaux de placement privés. La solution de la question semble assurée par la création de bureaux de placement gratuit, tels qu'ils fonctionnent déjà depuis plusieurs années dans certaines mairies, notamment dans les Ier, IIe, IIIe, IVe, V^e, VIe, XIVe, XVe, XVIIe, XVIIIe arrondissements.

Des citoyens dévoués, soucieux d'améliorer le sort de ceux qui vivent honorablement de leur travail, se sont groupés dans plusieurs arrondissements et, avec l'aide des municipalités, servent gratuitement d'intermédiaires entre le patron et le travailleur en quête d'emploi.

Des subventions s'élevant à 15,000 francs ont été allouées par la ville de Paris en 1891 aux bureaux de placement gratuit comptant un an d'existence.

GRATIFICATIONS AUX COCHERS.

Un crédit est inscrit chaque année au Budget, destiné à accorder des gratifications aux cochers de voitures de place, pour actes de probité et, depuis 1876, aux cochers et conducteurs d'omnibus, pour bonne conduite. Les noms de ceux qui ont participé à ces gratifications sont affichés dans les stations et cette publicité constitue un encouragement au moins aussi apprécié que la somme allouée.

La dépense a atteint, depuis 1871, 240,000 francs.

SECOURS AUX VICTIMES DU CHOMAGE.

L'éternel ennemi qui guette l'ouvrier, c'est le chômage. Il gagne bien sa vie, il élève sa famille, il n'a pas de dettes, il est heureux. Tout à coup, pour une cause ou pour une autre, l'atelier se ferme, il n'a plus de travail, plus de salaire, s'il a quelques économies, elles sont bien vite dépensées; alors c'est l'achat à crédit, crédit qui s'épuise rapidement. On a quelques meubles, on les met au Mont-de-piété, les hardes suivent. On n'a plus que des haillons sur lesquels on ne peut emprunter, le boulanger refuse du pain. C'est la misère, la misère d'autant plus terrible qu'elle frappe un homme habitué à la vie réglée du travailleur honnête. Malheur à lui, s'il n'a pas été embauché avant d'en être réduit à cette extrémité! Mal vêtu, honteux, là où il va demander de l'ouvrage on lui répond comme à un mendiant.

L'Assistance publique lui vient en aide, il est vrai, mais, lorsque le chômage frappe une industrie ou un groupe, ses ressources sont insuffisantes. C'est alors que la ville de Paris intervient et accorde des secours spéciaux, grâce auxquels le mal est atténué, sinon enrayé.

Ces secours se sont élevés, depuis 1871, à 86,000 francs.

UNIFICATION DE L'HEURE.

L'ouvrier n'a pas souvent de montre et cependant un retard de quelques minutes peut lui coûter une partie du prix de sa journée et quelquefois pis. Aussi la municipalité a-t-elle voulu que l'heure exacte fût connue partout de ceux qui ne l'ont pas dans leur poche.

Cette heure est donnée sur la voie publique au moyen d'un service municipal électrique créé en 1876 et comptant actuellement 52 cadrans et d'un service pneumatique appartenant à une compagnie qui en possède 98. Ce dernier remonte à 1880.

Les dépenses de premier établissement, d'entretien et de contrôle ont été de 216,000 francs, depuis 1876.

SECOURS PUBLICS

SECOURS AUX MALADES ET AUX BLESSÉS.

L'origine du service des secours publics à Paris remonte à 1772. Il a reçu, depuis 1871, un développement considérable. Les premières instructions émanant du Conseil de salubrité avaient pour but d'indiquer les soins urgents à donner aux personnes asphyxiées à la suite de submersion, puis vinrent le traitement des personnes asphyxiées par des gaz méphitiques ou impropres à la respiration, par strangulation, suspension ou suffocation, par le froid ou la chaleur et par la foudre; enfin les soins à donner aux personnes blessées sur la voie publique.

Tous les postes de police sont pourvus d'un brancard et d'une boîte de secours; un brancard est déposé dans chaque commissariat. En outre, un certain nombre de postes de sapeurs-pompiers, de la garde républicaine, d'octroi, d'éclusiers et de cimetières possèdent un matériel de secours, soit pour noyés, soit pour blessés. On compte ainsi 140 postes, plus 76 commissariats et 16 pavillons de secours.

Tous les établissements flottants : bains froids, bateaux-lavoirs, bateaux à vapeur, etc., sont tenus d'avoir une boîte de secours et un canot prêt à venir en aide aux personnes en danger de se noyer.

Depuis 1875, des pavillons de secours ont été installés sur la Seine et sur les canaux parisiens pour recevoir les submergés. Il en existe 16 actuellement. Ces postes comportent un matériel spécial. Ils sont pourvus d'un bateau. Un gardien de la paix, très au courant des secours à porter et des soins à donner, y est de service jour et nuit.

Le matériel de secours se décompose ainsi : boîtes à pansements, boîtes fumigatoires, brancards à bras et à roues, bouées simples et bouées lumineuses, lignes de sauvetage Brunel, gaffes Legrand, bachots de secours.

Le service des secours publics a coûté à la ville de Paris, depuis 1871, 1,008,000 francs.

ANNÉES	PERSONNES SECOURUES			TOTAUX DES PERSONNES secourues
	DANS LES POSTES de police ou autres, pour blessures, pour submersion et maladies diverses	DANS LES PAVILLONS de secours par submersion		
		Rappelées à la vie	Mortes	
1872	522	»	»	522
1873	622	»	»	622
1874	556	»	»	556
1875	545	30	7	582
1876	606	29	»	635
1877	674	35	»	709
1878	569	68	9	646
1879	561	90	»	651
1880	689	119	10	818
1881	612	164	8	784
1882	455	151	11	617
1883	586	165	8	759
1884	1,374	178	7	1,559
1885	1,111	191	14	1,316
1886	966	189	11	1,166
1887	955	298	15	1,268
1888	842	258	12	1,112
1889	745	359	11	1,115
1890	692	313	17	1,022
1891	728	388	4	1,120
Totaux	14,410	3,025	144	17,579

SECOURS MÉDICAUX ET PHARMACEUTIQUES DE NUIT.

Les secours médicaux et pharmaceutiques de nuit sont destinés à procurer un médecin et à fournir des médicaments aux personnes indigentes ou non, qui en ont besoin au milieu de la nuit. Il suffit à celles-ci de s'adresser au poste de police le plus rapproché de leur domicile et un gardien de la paix va chercher l'un des docteurs en médecine ou l'une des sages-femmes inscrites à cet effet.

C'est le 1er janvier 1876 que fut institué à Paris le service médical de nuit, avec le concours de 554 médecins, qui avaient répondu à l'appel de la municipalité.

Depuis sa fondation, ce service prend chaque jour une importance plus considérable. Il fonctionne très régulièrement.

Aujourd'hui, il est assuré par 425 médecins et 439 sages-femmes, qui reçoivent pour une visite simple un bon de 10 francs et pour une opération un bon de 20 francs.

Les visites sont payées directement par les malades ou par l'Administration. Dans ce dernier cas, le montant en est recouvré sur les intéressés, lorsque cela est possible. Les recouvrements ne dépassent guère 17 % de la dépense.

Le service pharmaceutique de nuit a commencé à fonctionner au mois de janvier 1887. Les pharmaciens qui demandent à faire partie de ce service sont inscrits au poste de police de leur quartier, comme cela a lieu pour les médecins et les sages-femmes.

Il leur est alloué 1 fr. 50 c. pour chaque dérangement de nuit et les frais des médicaments fournis leur sont remboursés suivant le tarif des bureaux de bienfaisance.

Le service est assuré aujourd'hui par 502 pharmaciens.

Développement du service médical et pharmaceutique de nuit depuis 1876.

ANNÉES	SERVICE MÉDICAL NOMBRE DE VISITES	SERVICE PHARMACEUTIQUE NOMBRE DE BONS DÉLIVRÉS
1876	3,616	»
1877	3,342	»
1878	3,571	»
1879	5,292	»
1880	6,346	»
1881	6,522	»
1882	6,893	»
1883	6,896	»
1884	8,712	»
1885	7,494	»
1886	7,553	»
1887	7,168	4,064
1888	7,408	4,362
1889	8,544	5,504
1890	9,194	6,382
1891	9,427	6,728
Totaux	107,948	27,040

Les dépenses de ces deux services se sont élevées, depuis leur organisation, à 1,140,000 francs, y compris les sommes dont on a pu effectuer le recouvrement.

SECOURS CONTRE L'INCENDIE. — SAPEURS-POMPIERS.

Personnel, casernement. — Les secours contre l'incendie sont assurés par le régiment de sapeurs-pompiers. Ce régiment compte dans l'infanterie, il dépend donc du ministère de la Guerre, mais il est placé pour son service spécial sous la direction du préfet de Police et entièrement à la charge de la ville de Paris.

De tout temps, officiers et sapeurs ont formé une troupe d'élite dont le dévouement ne s'est jamais ralenti un seul instant. Mais jusqu'en 1871 ils étaient pourvus d'un matériel absolument insuffisant.

Le recrutement, depuis l'application de la loi du 15 juillet 1889, a lieu par voie d'engagements volontaires et par voie d'appel annuel dans le contingent de l'armée de terre. Le corps se renouvelle donc à raison d'un tiers par année.

L'effectif, en 1871, était de 50 officiers et de 1,498 sous-officiers et soldats ; il était en 1891 de 51 officiers et de 1,693 sous-officiers et soldats (1).

Les compagnies sont logées, à raison de une par caserne, dans 12 casernes disséminées dans les divers quartiers. De chaque caserne dépendent des postes de secours, dont l'importance varie comme personnel de 8 à 2 hommes. En outre, certains établissements publics sont munis de postes spéciaux destinés à pourvoir à leur sûreté particulière. Les théâtres, notamment, sont soumis aussi bien pendant les représentations que dans la journée à une surveillance incessante.

Les casernes étaient autrefois en général fort mal installées ; depuis quelques années on en a construit de nouvelles, dans lesquelles ont été introduits les aménagements les plus propres à assurer, en même temps que le bien-être des hommes, la plus grande rapidité dans les secours.

La caserne de Chaligny, que l'on peut prendre comme type, est située à l'angle de deux rues et couvre une superficie de 3,200 mètres, dont 2,200 mètres de constructions.

Elle se compose de trois bâtiments principaux ; l'un central, formant le sommet de l'angle, est celui des officiers, les deux autres latéraux sont affectés, l'un aux sous-officiers, l'autre à la troupe.

On peut y loger 3 officiers, 10 sous-officiers et 156 caporaux et sapeurs.

Le troisième côté de la cour, qui est triangulaire, est occupé par le gymnase, grand hangar de 37 mètres de long sur 10 mètres de large.

---

(1) Un décret du 28 avril 1892 vient de fixer ainsi qu'il suit la composition du régiment des sapeurs-pompiers :

52 officiers ; 185 sous-officiers dont 173 pouvant servir comme rengagés ou commissionnés, douze emplois de sous-officier étant réservés à des militaires non rengagés.

290 caporaux ; 1,189 sapeurs ; 36 clairons ; 24 enfants de troupe ; 15 chevaux.

En outre, les dispositions ci-après ont été prises dans le but d'augmenter la compétence professionnelle des cadres :

Seront appelés à remplir les vacances d'emploi d'officiers au corps, de préférence à tous autres, sans autre examen préalable que celui de l'aptitude physique, sans condition de limite d'âge pour les lieutenants et sous-lieutenants, et sans que cette limite puisse dépasser quarante-cinq ans pour les capitaines, les officiers ayant servi antérieurement au régiment et ayant été l'objet, au moment de leur sortie du corps, d'une déclaration du colonel, transmise hiérarchiquement au ministre de la Guerre et constatant leur aptitude spéciale ainsi que leur bonne manière de servir. L'examen d'aptitude physique précédera la rentrée au corps et sera passé devant la commission instituée pour les examens prévus à l'art. 3, à laquelle sera adjoint le médecin chef du régiment avec voix délibérative.

La disposition qui précède est applicable aux sous-officiers du corps qui seront admis par la voie du concours à l'école militaire d'infanterie, sans que leur proportion puisse dépasser les trois quarts du cadre des lieutenants et sous-lieutenants (18).

A défaut de candidats rentrant dans les conditions prévues par l'article qui précède, les officiers qui demanderont à être admis au corps des sapeurs-pompiers seront soumis, comme par le passé, aux examens d'aptitude et aux conditions d'âge suivantes : sous-lieutenants, vingt-huit ans ; lieutenants, trente ans ; capitaines, trente-huit ans.

Le bâtiment des officiers est à trois étages ; les locaux du rez-de-chaussée sont affectés à différents services de la compagnie : bureau du télégraphe, poste de police, salles de discipline, etc.

Chaque étage est occupé par un officier.

Le bâtiment des sous-officiers n'a que deux étages ; les locaux du rez-de-chaussée sont également occupés par différents services de la troupe : cuisine, réfectoire, bureau, salle de bains, etc.

Les deux étages sont aménagés en logements de sous-officiers.

Le bâtiment de la troupe est le plus considérable ; au rez-de-chaussée sont les remises et les écuries ; les quatre voitures du départ sont sur rails, chacune devant une grande porte donnant sur la rue. Les chevaux sont derrière les voitures dans des stalles.

Une remise est affectée au matériel à bras et de réserve.

Aux 1er et 2e étages sont les chambres de sapeurs pouvant recevoir chacune 24 hommes.

Des dépendances abritent en outre un lavoir et des latrines ; enfin, une tour de 30 mètres de haut est disposée en séchoir.

Au poste du télégraphe est installé un récepteur Morse et un téléphone, pour les 20 à 30 avertisseurs téléphoniques du périmètre et un tableau d'appel permettant d'actionner ensemble ou séparément toutes les sonneries d'alarme réparties dans les différents locaux de la caserne.

Dans chaque caserne (3 officiers et 140 hommes environ) le service est assuré, pour chaque période de 24 heures, par un piquet qui, placé sous les ordres d'un officier, est transporté sur le théâtre d'incendie par les voitures attelées du matériel.

Ces voitures sont : le départ attelé, la grande échelle, la pompe à vapeur et le fourgon.

Le piquet, avec le départ attelé et la grande échelle, forment le premier départ.

Le départ attelé transporte comme matériel : un dévidoir à bobine avec 320 mètres de gros tuyaux, 120 mètres de petits tuyaux, un appareil à feux de cave avec son compresseur d'air, un matériel de sauvetage.

Dès que le premier départ est sorti, un deuxième départ est constitué immédiatement et se tient prêt à répondre à un nouvel appel ; ce deuxième départ emmène deux dévidoirs à caisse contenant chacun 200 mètres de tuyaux, une pompe à bras et un caisson d'incendie sur lequel se trouve un matériel de sauvetage.

L'armement de chaque caserne est complété :

1° Par une pompe à vapeur qui accompagne toujours le premier départ, la nuit, et qui, le jour, sert pour les incendies un peu sérieux et aussi pour relever la pression de l'eau dans les quartiers de Paris où elle est encore insuffisante ;

2° Par un ventilateur servant à aérer les locaux renfermant des gaz délétères ou explosifs ;

3° Par une chèvre pour le sauvetage dans les puits, fosses, etc.;

4° Par des lampes de sûreté électriques.

Matériel. — Postes. — Avertisseurs. — La condition essentielle pour un bon service d'incendie, c'est la présence de l'eau en abondance, sous une pression suffisante. Or, en 1871, on ne disposait que de 29 coffres de 0,041, c'est-à-dire que les pompes à vapeur ne pouvaient servir que dans des cas exceptionnels. Quant aux tuyaux s'embranchant directement sur les conduites, il n'en était pas question. C'était donc l'antique pompe à bras qui formait le fonds du matériel. Les pompes à vapeur n'étaient qu'au nombre de trois, d'un modèle ancien, lourd et peu puissant.

Le développement des réservoirs et des usines élévatoires, la pression des eaux de sources, ont permis de doter Paris de bouches d'incendie, et comme conséquence de transformer le matériel.

Le tableau ci-après indique par année le nombre de bouches installées de 1871 à 1891 :

ANNÉES	COFFRES DE 0=041	BOUCHES DE 0=100	ANNÉES	COFFRES DE 0=041	BOUCHES DE 0=100
1871	29	»	1882	34	1,548
1872	29	»	1883	30	1,990
1873	29	186	1884	30	2,332
1874	35	186	1885	30	2,724
1875	35	186	1886	30	2,727
1876	35	186	1887	30	3,141
1877	35	335	1888	30	3,550
1878	39	336	1889	30	4,007
1879	35	341	1890	30	4,025
1880	35	362	1891	30	4,092
1881	35	997			

Le matériel a subi, de 1871 à 1891, les améliorations suivantes :

ANNÉES	NOMBRE DE									
	POMPES A BRAS	TONNEAUX	CAISSONS	POMPES A VAPEUR	FOURGONS	DEPARTS ATTELÉS	DÉVIDOIRS	GRANDES ÉCHELLES	TUYAUX DE 45 MILLIM.	TUYAUX DE 80 MILLIM.
									mètres	mètres
1871	189	35	12	3	»	»	3	5	13,764	»
1872	154	35	12	3	»	»	3	5	11,324	»
1873	173	35	12	3	»	»	4	5	10,768	»
1874	170	35	12	4	»	»	4	2	8,376	»
1875	168	35	12	4	4	»	»	2	7,984	»
1876	171	35	12	4	4	»	»	2	9,072	»
1877	169	36	12	4	4	»	»	2	7,888	»
1878	170	38	13	5	4	»	»	2	7,840	5,360
1879	170	38	13	5	5	»	»	2	9,800	8,080
1880	170	38	14	6	5	»	6	2	8,192	6,650
1881	172	38	14	10	6	»	29	2	8,192	10,500
1882	156	14	14	12	8	»	81	1	7,008	19,870
1883	136	14	14	12	13	11	117	12	7,008	30,890
1884	136	14	14	14	13	11	144	13	7,008	39,910
1885	156	14	14	14	12	13	221	14	7,264	39,720
1886	147	14	14	16	14	14	166	19	7,200	48,320
1887	146	14	14	16	14	14	233	23	7,896	52,330
1888	134	»	14	16	14	14	237	20	12,512	54,800
1889	76	»	14	18	17	18	236	21	16,864	56,120
1890	73	»	14	16	19	20	246	21	17,028	58,970
1891	48	»	14	16	16	16	263	19	18,060	63,500

La prompte arrivée des secours sur le lieu du sinistre ayant une importance capitale, des mesures ont également été prises pour améliorer le service de traction. On ne lira pas sans étonnement l'exposé du procédé employé pour se procurer des chevaux antérieurement à 1871.

A cette époque les chevaux étaient fournis par la Compagnie générale des omnibus, qui tenait d'une façon permanente à la disposition du régiment dans les dépôts les plus voisins des casernes, moyennant 500 francs par cheval et par an, un nombre déterminé d'attelages avec leurs conducteurs.

Les casernes étaient reliées aux dépôts d'omnibus par des sonneries électriques.

Les retards considérables occasionnés dans le départ des voitures par l'éloignement relatif des dépôts conduisirent à une nouvelle organisation permettant d'avoir les attelages près des voitures mêmes.

Actuellement, après divers essais, qui tous avaient pour base la présence du cheval auprès de la voiture à laquelle il devait être attelé, la cavalerie est fournie par un entrepreneur, mais le cheval est à la caserne, sous la main de son cocher; les harnais sont suspendus de chaque côté du timon de la voiture et, au moyen d'un déclanchement, tombent sur le dos du cheval quand on le place pour l'atteler.

Les postes depuis 1871 ont été répartis de la manière suivante :

ANNÉES	NOMBRE DE POSTES			TOTAUX
	DE VILLE	VIGIES	de POMPE A VAPEUR	
1871...	84	»	»	84
1872...	81	»	2	83
1879...	82	»	3	85
1880...	83	2	3	88
1881...	78	4	6	88
1882...	82	35	10	127
1883...	75	40	10	125
1884...	75	46	10	131
1885...	48	76	10	134
1886...	51	85	11	147
1887...	54	81	11	146
1888...	50	83	12	145
	POSTES DE VILLE			
1889...	130		12	142
1890...	125		12	137
1891...	124		12	136

Depuis 1885 on a mis en service, dans les endroits les plus fréquentés, des avertisseurs, à l'aide desquels on peut appeler les pompiers. Une notice indique le mode de fonctionnement de l'appareil, qui ne peut être remis en état par celui qui l'a ouvert. Quarante ont été installés la première année; il y en avait 116 en 1891. Leur nombre définitif sera de 481. Un nouveau modèle est adopté et va remplacer les 116 actuellement en service; 200 autres seront installés incessamment.

Résumé des améliorations réalisées et en voie de réalisation. — Les conditions du service d'incendie à Paris n'ont pu être améliorées convenablement qu'à partir du jour où l'eau sous pression a été mise à la disposition de ce service à peu près également dans toutes les parties de la ville.

Jusque-là, les engins ne pouvaient être que restreints comme puissance et le seul moyen de parer aux grands incendies était de disséminer le plus possible le matériel sur la surface de Paris, de manière à prévenir l'extension des feux par la prompte arrivée d'un premier secours.

Mais, par suite du grand nombre de postes, chacun d'eux était condamné à être faible, et les secours nécessaires, pour devenir maitre d'un grand feu, n'arrivaient que successivement.

La création des bouches d'eau a permis l'emploi d'un matériel plus puissant et changé, par suite, les conditions de fonctionnement du service d'incendie. La traction de ce matériel au moyen de chevaux est devenue nécessaire.

Les petits postes disparaitront pour faire place à des postes plus importants amenant immédiatement et d'un seul coup un matériel et un personnel capables de combattre rapidement et utilement toute espèce de feu.

La rapidité dans le transport des secours étant augmentée par l'emploi des chevaux, le nombre des postes a pu être diminué.

Les moyens d'avertissement ont en même temps été améliorés. Les avertisseurs publics, permettant d'appeler les secours, sans errer souvent longtemps à la recherche d'un poste, font gagner du temps.

Actuellement, la substitution, aux anciens petits postes, de grands postes de périmètre mis en communication avec le public par des avertisseurs de rue, est en voie d'exécution.

Lorsque cette installation sera terminée, la surface de Paris sera divisée en 24 périmètres ayant au centre un poste de secours. Ces 24 postes seront constitués par 12 casernes et par 12 postes possédant le même matériel et le même personnel de garde.

Chaque poste dépendra, pour le personnel, de la caserne voisine.

Résultats obtenus. — Éteindre le feu ne constitue pas le seul rôle des pompiers; il faut autant que possible l'éteindre à temps et dans des conditions telles que les dégâts causés aux habitations soient aussi minimes que possible. Pour cela il est nécessaire que les secours arrivent très promptement, et souvent un seau d'eau, jeté assez tôt par un homme intelligent et connaissant bien le point d'attaque, suffit pour empêcher un sinistre.

Le graphique suivant montre quelle amélioration énorme a été apportée à la rapidité du secours. Le nombre total des feux s'est considérablement accru depuis 1872 ; cela est dû à diverses causes, dans lesquelles, bien entendu, il ne saurait être question de faire figurer la plus ou moins bonne organisation du service d'incendie.

Or, en 1872, sur 425 feux, il y avait eu 278 commencements d'incendie éteints sans qu'il ait été nécessaire de mettre le matériel spécial en batterie, c'est-à-dire sans que les endroits respectés par le feu aient été détériorés par le jet des pompes; et 147 pour lesquels la mise en jeu des appareils avait été indispensable. La proportion était donc celle-ci : incendies arrêtés à leur début à l'aide de seaux d'eau, 65,41 %, incendies pour lesquels il a fallu déployer tous les moyens de combat, 34,59 %. En 1891, la proportion était devenue : 76,61 % pour les premiers, et 23,39 %, pour les seconds, soit un gain de 11,20 %.

Enfin les sapeurs-pompiers ont retiré des flammes, de l'eau, des fosses, des milieux asphyxiants, etc., pendant la période comprise de 1871 à 1891, 926 personnes, sur lesquelles ils ont pu sauver la vie à 768.

Le service des secours contre l'incendie, personnel, matériel et immeubles, non compris l'établissement de bouches d'incendie englobé dans les travaux de canalisation des eaux, a coûté à la ville de Paris pendant ces 21 dernières années 51,200,000 francs.

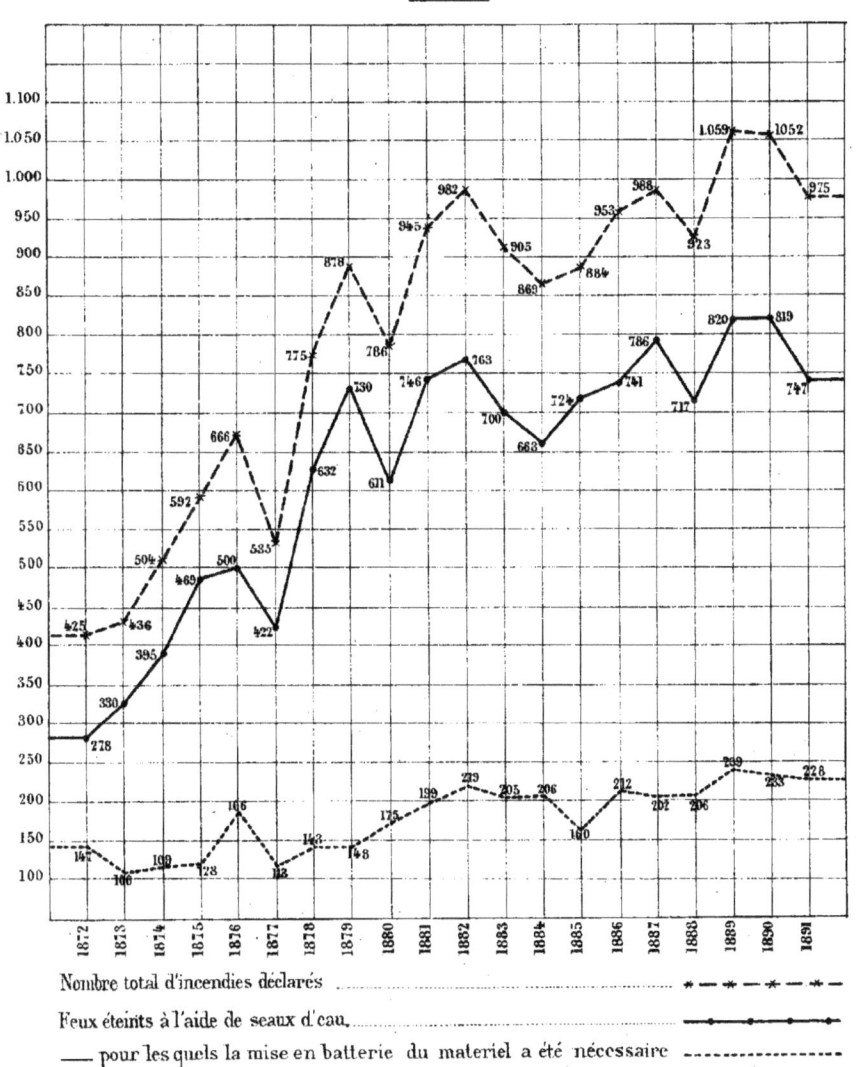

SECOURS CONTRE L'INCENDIE

division de Paris
en 24 périmètres.

● État-major.
● Casernes.
○ Postes.

CONCLUSION

CONCLUSION

Telle est l'œuvre sociale des conseils municipaux et des administrateurs de la ville de Paris, depuis la fondation définitive de la République en France.

Ils ont développé l'enseignement sous toutes ses formes et donné ainsi l'exemple au pays. L'inspection médicale des écoles, les classes de garde, les cantines scolaires, ont été instituées. L'enseignement professionnel a été créé, l'enseignement primaire supérieur des jeunes filles organisé. C'est également à leur initiative que sont dus l'enseignement militaire dans les écoles, les matinées littéraires, les voyages de vacances, les colonies scolaires et la caisse des pupilles.

L'enseignement supérieur des facultés a été doté de deux chaires; l'enseignement populaire supérieur a été fondé.

Grâce à l'installation de nombreuses bibliothèques municipales et aux subventions aux bibliothèques populaires libres, la population a pu trouver à sa portée les moyens de compléter son instruction.

Les travaux historiques, la bibliothèque et le musée Carnavalet lui ont fourni les éléments nécessaires pour étudier l'histoire de Paris. La statistique municipale lui a permis de suivre jour par jour le fonctionnement de l'organisme parisien.

De nombreuses bourses ont mis l'instruction à la portée des intelligences d'élite, dont le défaut de fortune aurait empêché l'essor.

Les subventions aux associations libres d'enseignement leur ont donné des ressources dont l'instruction générale a bénéficié.

Les beaux-arts ont été encouragés par l'achat de tableaux, de statues et de gravures. Les monuments et les voies publiques ont été embellis par la présence d'œuvres de maîtres.

A toutes les expositions, la ville de Paris a montré ce que ses services pouvaient faire et maintenu aux yeux de l'univers sa valeur artistique et intellectuelle.

La santé publique a été sauvegardée par l'adduction d'eaux de source d'une grande pureté. Les égouts ont été développés; et, dans un avenir prochain, lorsque les opérations en cours seront terminées, dans aucune ville du monde l'hygiène publique ne sera aussi complètement assurée que dans la vieille Lutèce.

La surveillance des logements insalubres, la désinfection, le transport des malades et des contagieux, la crémation, les dépôts mortuaires, le laboratoire municipal sont autant de mesures dont profite la salubrité.

Les pauvres et les déshérités n'ont cessé d'être l'objet de la sollicitude de la municipalité.; pour eux on a créé des hôpitaux, amélioré les services de l'Assistance publique, donné des subventions aux bureaux de bienfaisance et fait tout ce qui était possible pour obtenir des pouvoirs publics leur réorganisation, secouru des mères nécessiteuses, subventionné les institutions des enfants assistés et moralement abandonnés, créé des dispensaires et des refuges de nuit.

De nombreux secours ont été accordés.

Au moyen d'un prélèvement sur les produits de l'octroi, la cote mobilière des habitants les moins aisés a pu être réduite.

Les travailleurs ont vu mettre à leur disposition la Bourse du travail et les bureaux de placement gratuits. Ils ont été secourus lorsque le chômage est venu les frapper.

L'intérêt des prêts du Mont de piété a été réduit de 2 1/2 %.

Les secours publics ont été développés, les secours médicaux et pharmaceutiques de nuit créés.

Le corps des sapeurs-pompiers dont l'admirable dévouement était souvent stérile, faute d'un matériel suffisant, a reçu, pour combattre les incendies, les engins les plus perfectionnés.

Enfin une foule d'institutions d'une importance secondaire sont venues se joindre aux grandes réformes opérées, pour le plus grand bien de la population.

Tout cela a coûté 1,616,440,000 francs, somme énorme, il est vrai, mais les résultats sont tels que le chiffre de la dépense disparaît lorsqu'on considère le chemin parcouru et le but atteint.

Quelles que soient les critiques que, sous un régime de libre discussion, ils aient dû subir, jamais les élus du peuple, ni les fonctionnaires que le Gouvernement a chargés de collaborer avec eux à la défense des intérêts de la grande cité française, ne se sont un seul instant écartés de la voie qu'ils s'étaient tracée. Ils sont toujours restés fidèles à la devise :

Pour Paris, par la République.

TABLE DES MATIÈRES

	Pages
INTRODUCTION	VII

PREMIÈRE PARTIE.

Enseignement.

ENSEIGNEMENT PRIMAIRE ET MATERNEL	3
Inspection médicale des écoles et dispensaires scolaires	8
Classes de garde	9
Cantines scolaires	9
Résultats obtenus	10
ENSEIGNEMENT PRIMAIRE SUPÉRIEUR	11
CHANT. — DESSIN. — GYMNASTIQUE	12
ENSEIGNEMENT PROFESSIONNEL	13
Ateliers de travail manuel	13
École Diderot	14
École de physique et de chimie	15
École Germain-Pilon	16
École Bernard de Palissy	17
École Boulle	17
École Estienne	18
Écoles professionnelles et ménagères de jeunes filles	19
Bibliothèque Forney	19
INSTITUTIONS DIVERSES.	
Enseignement militaire	20
Récompenses scolaires	20
Matinées littéraires	21
Voyages de vacances. — Colonies scolaires	22
Pupilles de la ville de Paris	23
Classes d'adultes	23
ENSEIGNEMENT SECONDAIRE ET SUPÉRIEUR	24
Enseignement secondaire municipal	25
Enseignement supérieur	25
INSTRUCTION GÉNÉRALE EN DEHORS DES ÉTABLISSEMENTS SCOLAIRES.	
Bibliothèques municipales	26
Histoire générale de Paris	27
Arènes de Lutèce	28
Plaques commémoratives	28
Bibliothèques et musées historiques	29
Musée Guimet	31
STATISTIQUE MUNICIPALE	31
OBSERVATOIRE DE MONTSOURIS	32
BOURSES.	
Bourses d'études	32
Bourses d'enseignement primaire	33
Bourses dans les internats primaires	33

	Pages
Bourses d'enseignement primaire supérieur............	33
Bourses dans divers établissements d'enseignement primaire supérieur ou professionnel de jeunes filles	34
Bourses aux institutions nationales de sourds-muets............	34
Bourses à l'Institution nationale des jeunes aveugles. — Subvention à l'école Braille........	34
Bourses dans les lycées de Paris et au collège Rollin............	35
Bourses d'enseignement supérieur............	36
Bourses diverses............	36
Bourses d'entretien............	36
Bourses d'entretien dans les écoles primaires supérieures............	37
Bourses d'entretien dans les écoles professionnelles et ménagères de jeunes filles............	37
Bourses d'entretien diverses............	38
SUBVENTIONS............	38
Subventions aux bibliothèques populaires............	38
Subventions aux sociétés de tir et de gymnastique............	39
Subventions aux écoles de dessin............	39

Beaux-arts............ 41

Peinture, sculpture, gravure............	41
Théâtres............	41
Musique............	42

Fêtes............ 43

Bals de l'Hôtel de Ville............	43
Fête nationale............	43
Congrès............	44
Grand prix de Paris............	44

Expositions............ 45

DEUXIÈME PARTIE.

Eau.

Le passé. — Le présent............	49
Extension de l'approvisionnement............	56
Abonnement obligatoire............	58
Conclusion............	59

Égouts............ 60

Galeries............	60
Curage............	63
UTILISATION DES EAUX D'ÉGOUT............	65
VIDANGES............	66
Latrines publiques. — Chalets de nécessité............	68
UN RÉSULTAT............	69

Promenades publiques............ 71

Propreté de la voie publique............ 73

Suppression des passages à niveau............ 77

Mesures diverses d'hygiène et de salubrité............ 78

CONSEIL D'HYGIÈNE............	78
LOGEMENTS INSALUBRES............	79
DÉSINFECTION............	81
TRANSPORT DES CONTAGIEUX............	82
CRÉMATION............	83
DÉPOTS MORTUAIRES............	86
DISPENSAIRE DE SALUBRITÉ............	87

Surveillance de l'alimentation.

	Pages
LABORATOIRE MUNICIPAL	89
INSPECTION DE LA BOUCHERIE ET DES HALLES ET MARCHÉS	93
HALLES ET MARCHÉS	94
Marché aux bestiaux et abattoir de La Villette	96
Sanatorium	96
ENSEIGNEMENT DE LA PISCICULTURE	97

Assistance publique ... 102

Hôpitaux et hospices	103
Laïcisation	105
Écoles d'infirmiers	106
Bibliothèques médicales. — Laboratoires	107
Diminution de la mortalité dans les hôpitaux	109
BUREAUX DE BIENFAISANCE	110

ASSISTANCE DE L'ENFANCE.

Secours aux mères nécessiteuses	111
Écoles installées dans les hôpitaux	112
Enfants assistés	113
Enfants moralement abandonnés	114
Dispensaires pour enfants	116
BAINS EXTERNES DE SAINTE-ANNE	116
ALIÉNÉS INDIGENTS	116

Transport des malades ... 117

Asiles de nuit.

Refuges de nuit	118
Asile-ouvroir	119
Colonie agricole de la Chalmelle	119

Prélèvement sur les produits de l'octroi pour le paiement de la cote mobilière ... 120

Secours en argent.

Secours de loyer	122
Secours divers	122
SUBVENTIONS.	
Subventions aux établissements charitables et aux crèches	123
Subventions diverses	123
EXONÉRATION DE LA PRESTATION DU VOLONTARIAT	123

Mont-de-piété.

Origine	125
Les réformes	125
Abaissement du taux de l'intérêt	126
Suppression des commissionnaires	126
Abrogation du décret de 1863	126
Désinfection de la literie	127
Prêt sur titres	128
Fonctionnement actuel	130
Les objets volés	132
Les brocanteurs	133

Travail ... 135

BOURSE DU TRAVAIL	135
BUREAUX DE PLACEMENT GRATUITS	136

10.

	Pages
GRATIFICATIONS AUX COCHERS	136
SECOURS AUX VICTIMES DU CHOMAGE	137
UNIFICATION DE L'HEURE	137

Secours publics.

Secours aux malades	138
Secours médicaux et pharmaceutiques de nuit	139
SAPEURS-POMPIERS.	
Personnel. — Casernement	140
Matériel. — Postes. — Avertisseurs	143
Résumé des améliorations dans le service	145
Résultats obtenus	145
CONCLUSION	147

1063. — Imprimerie municipale, Hôtel de Ville. — 1892.

www.ingramcontent.com/pod-product-compliance
Lightning Source LLC
Chambersburg PA
CBHW071945160426
43198CB00011B/1552